U0035575

三昧禪法經典系列①

念佛三昧經典

三昧禪法經典的出版因緣

三昧禪法經典的出版，是我們整理弘揚佛法禪觀修行的重要一步，希望這些經典的整理，能夠幫助修行大衆在禪觀修證上有所增益。

佛教的禪法，無比深妙廣大。從原始佛教中，以對治與解脫為中心的禪觀，到大乘佛教中，以大悲與如幻為見地，所開展出無邊廣大的菩薩三昧，都是能令人超越生死煩惱的障礙，而達到廣大自在境界的殊勝法門。這些禪觀也能令我們了悟身心法界的無邊奧密，值得人人以無盡的生命來從事無邊禪觀的修證體悟。

佛教的修證體悟，不是散心妄念的思惟分別，諸佛菩薩也沒有建立一套龐大精妙思想的興趣。佛法看似廣大無際的思想體系，不是向壁虛構的分別推論所成，實際上只是解釋身心法界真相的體悟內容。因此，佛法的悟境，絕對是在身心統一和諧的境界中產生；所以世智聰明或極度思辯推理，可能產生龐大的精思學問，卻不可能在佛法中開悟解脫。依此而言，禪法定力雖然不是佛法開悟的內容，卻是開悟解脫的根本。

另外，大乘菩薩的三昧禪法更是依據菩薩對空、無常、無我的體悟，不住於涅槃解脫，而以大悲心發起菩提願，以菩薩三昧禪法產生永不間斷的廣大力量，永不退轉地如幻救度眾生。所以，就佛法的立場而言，禪法是每一個人改變身心性命、煩惱習氣所必備的工具。

在佛陀時代，禪法是大家共同的必修科，習禪是每一個佛教徒的常課，我們十分懷念那樣的殊勝因緣，希望在這一個時代中重現。本套三昧禪法經典，共輯成十冊，為了使大家能迅速的掌握經典的內義，此套經典全部採用新式分段、標點，使讀者能夠迅速的體悟三昧禪法的要義。

這一套三昧禪法經典，涵蓋了最基本的安般（數息）、不淨、慈心、因緣、念佛等五停心觀，乃至無邊廣大的菩薩三昧；這十冊的內容是：

一、念佛三昧經典

二、般舟三昧經典

三、觀佛三昧海經典

四、如幻三昧經典

五、月燈三昧經典

六、寶如來三昧經典

七、如來智印三昧經典

八、法華三昧經典

九、坐禪三昧經典

十、修行道地經典

現在供養給大家，希望大家能夠依此而使身心離惱、解脫自在，甚至證入無邊廣大的菩薩三昧，具足大功德、大威力；並祈望大家廣為推行，使如來的教法能大弘於人間，一切眾生歡喜自在、一切願滿，乃至圓滿成佛。

南無　本師釋迦牟尼佛

凡例

一、關於本系列經典的選取，以能彰顯佛法中三昧禪法的修習與功德力用為主，以及包含各同經異譯本，期使讀者能迅速了解修習三昧禪法的重要見地及善巧方便。

二、本系列經典選取之經文，以卷為單位。

三、本系列經典係以日本《大正新修大藏經》（以下簡稱《大正藏》）為底本，而以宋版《磧砂大藏經》（新文豐出版社所出版的影印本，以下簡稱《磧砂藏》）為校勘本，並輔以明版《嘉興正續大藏經》與《大正藏》本身所作之校勘，作為本系列經典之校勘依據。

四、《大正藏》有字誤或文意不順者，本系列經典校勘後，以下列符號表示之：

㈠改正單字者，在改正字的右上方，以「＊」符號表示之。如《大方等大集經菩薩念佛三昧分》卷四〈歎佛妙音勝辯品第五之一〉之中：

無名相法以名相說，「共」義亦爾《大正藏》

無名相法以名相說，「其」義亦爾《磧砂藏》

校勘改作為：

無名相法以名相說，*其義亦爾

(二)改正二字以上者，在改正之最初字的右上方，以「*」符號表示之，並在改正之最末字的右下方，以「☆」符號表示之。

如《佛說如幻三昧經》卷上之中：

離欲「恍惚」寂無所有，歸於澹泊悉無所生《大正藏》

離欲「煩惱」寂無所有，歸於澹泊悉無所生《磧砂藏》

校勘改作為：

離欲*煩惱☆寂無所有，歸於澹泊悉無所生

五、《大正藏》中有增衍者，本系列經典校勘刪除後，以「①」符號表示之，其中圓圈內之數目，代表删除之字數。

如《佛說如幻三昧經》卷下之中：

尋便滅「除，除不與合」《大正藏》

尋便滅「除，不與合會」《磧砂藏》

校勘改作為：

尋便滅除，[1]不與合⊙會

六、《大正藏》中有脫落者，本系列經典校勘後，以下列符號表示之：

(一)脫落補入單字者，在補入字的右上方，以「⊙」符號表示之。

如《大寶積經》卷一百三〈善住意天子會〉之〈文殊神變品第三〉中：

文殊師利後「善住發」《大正藏》

文殊師利後「善住意發」《磧砂藏》

校勘改作為：

文殊師利後善住⊙意發

㈡脫落補入二字以上者，在補入之最初字的右上方，以「◎」符號表示之，並在補入之最末字的右下方，以「☆」符號表示之。

如《觀佛三昧海經》卷六〈觀四威儀品第六之一〉之中：

阿難在右，「羅睺佛後」《大正藏》

阿難在右，「羅睺羅在佛後」《磧砂藏》

校勘改作為：

阿難在右，羅睺◎羅在☆佛後

七、本系列經典依校勘之原則，而無法以前面之各種校勘符號表示清楚者，則以「㊟」表示之，並在經文之後作說明。

八、《大正藏》中，凡不影響經義之正俗字（如：恆、恒）、通用字（如：蓮「華」、蓮「花」）、譯音字（如：目「犍」連、目「乾」連）等彼此不一者，本系列經典均不作改動或校勘。

九、《大正藏》中，凡現代不慣用的古字，本系列經典則以教育部所頒行的常用字取代之（如：讚→讃），而不再詳以對照表說明。

十、凡《大正藏》經文內本有的小字夾註者，本系列經典均以小字雙行表示之。

十一、凡《大正藏》經文內之咒語，其斷句以空格來表示。若原文上有斷句序號而未空格時，則本系列經典均於序號之下，加空一格；但若作校勘而有增補空格或刪除原文之空格時，則仍以「◎」、「①」符號校勘之。又原文若無序號亦未斷句者，則維持原樣。

十二、本系列經典之經文，採用中明字體，而其中之偈頌、咒語等，皆採用正楷字體。另若有序文、跋或作註釋說明時，則採用仿宋字體。

十三、本系列經典所作之標點、分段及校勘等，以儘量順於經義為原則，來方便讀者之閱讀。

念佛三昧經典序

念佛三昧是一切菩薩所必須修習的深行，而修行境界愈高的菩薩，愈能相續不斷的念念念佛。從原始佛教到大乘佛教，念佛法門在印度的發展是以實相與觀相為主。到了大乘佛法的發展，念佛法門不只是佛弟子對佛陀的永恆懷念，亦且是菩薩道行者對自我內在生命的需求。所以念佛法門在大乘佛教的發展中，成為重要的一支，而念佛三昧也就成為一切菩薩所必須成就的法行。

廣義的念佛三昧，是謂一切菩薩正念所持，如實憶念如來的法、報、化身功德等；如此能入究竟佛道，起大福德度一切眾生。念佛三昧的究竟意義是極深密的，含藏了菩薩無限向上的憧憬，迴向於成佛菩提；依如來威神而下覆眾生，迴向一切有情；安住於摩訶般若波羅密多，迴向真如實際。佛、法性與眾生構成了念佛三昧的真實內容，菩薩大三昧的成就，是統攝了諸小三昧，具足眾多的前行方得成就；而念佛三昧匯集諸佛功德，也涵攝了這個特色。

念佛思想起源於原始佛教中的三念、四念、六念乃至八念、十念中的念佛法門。行者於曠野之中，心中畏懼、憶念佛陀的功德，如此於恐懼中得到解脫。在原始佛教中，佛弟子臨命終時，一心念佛，生於天上，或臨終時，一心念佛，不墮三惡道，生在天上並七返生死而得涅槃；都是從原始佛教而來的固有信仰。到大乘佛教的興起，憶佛、念佛的法門特別的發達，除了對佛的永恆懷念之外，應有更深密的意義。此法門會成為廣大菩薩修行有力的一支，有其特別的價值。

我們為了弘揚菩薩的念佛法門，所以特別編輯了念佛三昧經典，使一切念佛行人得所依止，並得證廣大的念佛三昧。

本經集中的《菩薩念佛三昧經》，共有五卷，為劉宋大明六年(A.D. 462)功德直所譯，與《大方等大集經菩薩念佛三昧分》十卷，係隋代大業年中(A.D. 605～616)，由達摩笈多譯出，為同本異譯。雖然二者有廣、略的不同，但是其文句不僅能相互對照，也可見到極多共通的譯語。《內典錄》卷六，將《大方等大集經菩薩念佛三昧分》與《念佛三昧經》並舉，明示二者為同本異譯。《開元錄》卷十一則註記隋譯本十卷闕後二品。對照現存的《三昧分》與《三昧經》，真如《開元錄》所說，缺二品。此二品究竟是起初即未譯出，或者譯出後又遺失，無法驟然決定。但是由所缺部份是經的最後部份，想來此二品曾一度被譯出。現存的經，宋譯本有十六品，隋譯本有十五品，品的分法彼此不同，相當於〈正念品〉及〈奉持品〉二品的經文，並未見於他處。

經中的念佛三昧，主要不只是觀佛色身的相好。而要正觀如來法身。如果能「獲得如是一切菩薩念佛三昧……彼諸世尊常現在前」，「住三昧已，常不遠離見一切諸佛，常不遠離聽聞諸佛所說妙法」，「爾乃讚誦三昧經，彼見無量億數佛，無邊淨光若日輪」等，也可由無相法身觀，現觀色身的相好。

念佛三昧是不可思議的，一位菩薩行者，應當行、住、坐、臥二六時中，時時相續的念佛。現在將這一本經典編輯出來，心中充滿了歡喜，希望大家都能圓滿成證念佛三昧，「是心是佛，是心作佛」。

目錄

菩薩念佛三昧經

劉宋 功德直譯

大方等大集經菩薩念佛三昧分

大方等大集經菩薩念佛三昧分卷第一

隋天竺三藏達磨笈多譯

序品第一

爾時，婆伽婆在王舍城耆闍崛山中，與大比丘衆千二百五十人俱，一切皆是大阿羅漢，諸漏已盡無復煩惱，心善解脫慧善解脫，調伏一切猶如大龍，捨離重擔不受後有，所作已辦獲真己利，住平等智入解脫門，自在得度衆苦彼岸，惟除尊者阿難一人。

復有無量諸菩薩摩訶薩衆皆從十方世界來者，各與一切菩薩摩訶薩衆俱。

復有無量淨居諸天子，其名曰：難陀天子、須難陀天子、栴檀那天子、須摩那天子、自在天子、大自在天子、難勝天子、善威光天子。如是等諸天子眾，過夜半已放大光明，直照於此耆闍崛山已，咸詣佛所頂禮尊足，即以天多摩羅跋香、天沈水香、天多伽羅香、天末栴檀香及牛頭栴檀香，如是等種種諸香，慇懃再三散於佛上已，復以天散華及天雞婆羅華、摩訶雞婆羅華、曼陀羅華、摩訶曼陀羅華、曼殊沙華、摩訶曼殊沙華、阿地目多華，以如是等種種眾華，亦慇懃再三散於佛上已，而復漸進前詣佛所，右遶三匝，一心恭敬合十指掌，稽首禮佛，退住一面。

爾時，諸天子眾各如是念：「今此菩薩念一切佛三昧法門，過去諸如來、應供、等正覺已曾於彼天人、大眾中，宣揚分別利益一切諸眾生故；今我世尊豈不為斯天人、大眾、梵、魔、沙門、婆羅門、諸龍、夜叉、乾闥婆、阿修羅、迦樓羅、緊那羅、摩睺羅伽、人非人等，敷演宣說如是妙典？為欲利益一切世間天人大眾故，亦令未來世一切眾生咸蒙利益故。」

爾時，難陀天子、須難陀天子、栴檀那天子、須摩那天子、自在天子、大自在天子、難勝天子、善威光天子，如是一切諸天子衆作是思惟已，即白佛言：「世尊婆伽婆！今此菩薩念一切佛三昧法門，過去諸如來、應供、等正覺已曾為諸天人、大衆、梵、魔、沙門、婆羅門、諸龍、夜叉、乾闥婆乃至一切人非人等，敷揚演說如是經典，利益世間諸衆生故；惟願世尊大慈哀愍，今亦為此天人大衆、梵、魔、沙門、婆羅門及彼一切人非人等演說如是方等法門，令諸世間多獲利益，安隱快樂故。」

爾時，世尊大悲熏心，為欲利益一切世間諸衆生故，默然受是諸天子請。時諸天子見佛默然，知聖哀許，頂禮佛足，圍遶三匝，即於耆闍崛山忽然不見，還於天宮。

爾時，世尊過夜後分將明旦時，便作大師子王*謦欬之聲而復微笑。時佛、如來、應供、等正覺忍發如是殊異聲已，須臾之間，是耆闍崛山精舍所有諸比丘衆承佛威神，一切皆悉集於如來、應供、等正覺所。爾時，復有衆多異阿蘭若處諸比丘等，具大神通，有大威德，亦皆承佛威神，俱從阿蘭若處來入耆闍崛山，集如來所。爾時，王舍大城一切諸比丘尼，亦皆承佛威神，入耆闍崛山，集如來所。

爾時，摩伽陀國主、韋提希子阿闍世王，與無量百千眷屬前後圍遶，入耆闍崛山，集如來所。爾時，復有諸夜叉大將，其名曰：阿吒婆迦曠野居夜叉大將、伽陀婆迦驢形夜叉大將、金毗羅摩竭魚夜叉大將、須脂路摩針毛夜叉大將、摩羅陀梨持華鬘夜叉大將，如是等諸夜叉為首，并餘諸夜叉輩，有大威神，具大勢力，各與無量百千眷屬前後圍遶，入耆闍崛山，集於佛所。

爾時，復有諸阿修羅王，其名曰：大叫羅睺阿修羅王、種種可畏毘摩質多阿修羅王、須婆睺善臂阿修羅王、波訶羅舒展陀阿修羅王，有大威神，具大勢力，聞佛*謦◎欬聲，心生驚悚，身毛皆豎，各與無量百千眷屬前後圍遶，來入耆闍崛山，集於佛所。爾時，復有此三千大千世界所有諸大龍王及其眷屬，彼各聞佛*謦欬聲時，心生驚悚，身毛皆豎，承佛威神，來入耆闍崛山，集於佛所。

爾時，舍婆提大城給孤獨長者，亦與無量百千眷屬前後圍遶，自舍婆提詣王舍城，入耆闍崛山，集於佛所，為欲恭敬供養如來，聽聞正法故。爾時，毘舍離大城亦有無量諸梨車子，皆生大淨婆羅門家，其名曰：善思梨車子、伏怨少壯梨車子、功德生梨車子、無邊手梨車子、舉手梨車子、然手長者子，如是等而為上首，皆已久住無上大乘，各與無量百千眷屬前後圍遶，自毘舍離詣王舍城，入耆闍崛山，集於佛所。

爾時，瞻波大城復有無量諸長者子，已於過去供養無量無邊諸佛，種諸善根，具大威德，有大勢力，其名曰善住長者子、利益長者子、無邊精進婆羅門子，如是等而為上首，及餘無量長者居士，各與無量百千眷屬前後圍遶，自瞻波城詣王舍城，入耆闍崛山，集於佛所，為欲恭敬供養如來，聽聞正法故。

爾時，婆羅奈城有無量種異類人眾，已於過去供養無量百千諸佛，植諸善根皆已純熟，自波羅奈詣王舍城，入耆闍崛山，集於佛所，為欲恭敬供養如來，聽聞正法故。爾時，拘尸那城復有無量諸力士末羅子，亦曾供養無量百千諸佛世尊，以久熏修諸善根故，有大威德，具足勢力，亦與無量眷屬圍遶，自拘尸那詣王舍城，入耆闍崛山，集於佛所，亦為恭敬供養如來，聽聞正法故。

爾時，東方過無量恒河沙諸世界中，一切大梵天王并餘天眾，有大威德，具大神通，聞佛世尊大師子王謦欬聲時，咸大驚愕，舉身毛豎，承佛威神，各與無量千萬天眾眷屬圍遶，皆自本處發，來詣此娑婆世界王舍大城，入耆闍崛山，集於佛所。如是南西北方、四維上下皆有如是無量恒河沙世界，所有一切大梵天王及餘天眾，有大威德及大神通，聞佛世尊大師子王謦欬聲時，亦咸驚悚，舉身毛豎，承佛威神，各與無量千萬天眾眷屬圍遶，皆自本處發，來詣此娑婆世界王舍大城耆闍崛山，集於佛所。

爾時，耆闍崛山其地弘博縱廣正等，如此三千大千世界大眾充滿無有空處如杖頭許，然彼大眾皆有無量大威德力及大神通，一切天、人、諸龍、夜叉、乾闥婆、阿修羅、迦樓羅、緊那羅、摩睺羅伽、人非人輩皆悉充滿。

爾時，世尊知諸世間天人大眾一切集已，復發如是大師子王謦欬之聲，發大聲已，自精舍出，至一方所而復微笑。時諸世間天人大眾覩是事已，各捨己服及諸華鬘，以種種香而散佛上，供養恭敬，至心瞻仰。

爾時，大衆中有尊者舍利弗、尊者目犍連、尊者大迦葉、尊者須菩提、尊者富樓那彌多羅尼子、尊者羅睺羅、尊者大劫賓那、尊者大迦旃延、尊者阿泥樓陀、尊者護世、尊者守籠那、尊者難陀、尊者阿難等而為上首，及餘一切諸大聲聞，皆是大德，具大神通，一切皆來集斯會坐。

爾時，大衆中復有尊者彌勒菩薩摩訶薩、越三界菩薩摩訶薩、踊大步菩薩摩訶薩、初發心即轉法輪菩薩摩訶薩、善思菩薩摩訶薩、大音聲菩薩摩訶薩、善行步菩薩摩訶薩、超三世菩薩摩訶薩、持世菩薩摩訶薩、文殊師利菩薩摩訶薩、不空見菩薩摩訶薩等而為上首，及餘無量無數菩薩摩訶薩皆於過去無量諸如來所，種諸善根，衆行熏修，功德成滿，久已得住阿耨多羅三藐三菩提。

爾時，尊者不空見菩薩摩訶薩見佛世尊復微笑已，從座而起，整容理服，偏袒右肩，右膝著地，合掌向佛而說偈曰：

最勝無上兩足尊，無緣不應現微笑，一切世間無等侶，惟願為我演笑因。

常施貧窮諸所須，亦說大乘最妙寶，能與生盲決胎膜，今事微笑何因緣？世尊三界尚無比，何況世間得論勝，能作世間大導師，今應顯笑有何緣？

爾時，世尊即告不空見菩薩摩訶薩言：「不空見！汝今見斯勝地方所，左右邊動，衆相莊嚴可愛樂不？」

不空見言：「如是！世尊！如是！婆伽婆！」

佛復告言：「不空見！汝應當知此地方所，往古諸如來、應供、等正覺已曾受用教化遊居。」

爾時，不空見菩薩聞佛教已，速疾而行趣彼方處，至彼方已，便入三昧。住三昧時，自然成就上妙寶座，種種莊嚴皆悉具足，嚴飾座已，還詣佛所，頭面禮足而白佛言：「世尊！今此方處莊嚴若是，惟願世尊亦當及時處斯勝地。」爾時，世尊便往方所，至方所已，如法昇座。於是如來、應供、等正覺昇此座時，如此三千大千世界一切大地六種震動，所謂：動、遍動、等遍動，震、遍震、等遍震，涌、遍涌、等遍涌，吼、遍吼、等遍吼，起、遍起、等遍起，覺、遍覺、等遍覺，東涌西沒、西涌東沒、南涌北沒、北涌南沒、中涌邊沒、邊涌中沒。

時此大地如是動已，佛神力故，遍此世界有大光明，令諸眾生等受快樂，下至阿鼻大地獄中，所有眾生蒙光觸身，諸苦消滅，等受快樂，如是一切諸地獄中受苦眾生，及以諸畜生輩更相殘害，閻羅王界諸餓鬼等遇斯光已，所有苦具皆悉消除，飢渴充滿，無有眾生不受樂者。當爾之時，一切眾生悉捨惡念，皆起慈心，遞相愛樂，各懷悲愍猶如親屬，相視歡欣，和合同座，於是讚曰：

世尊處斯坐，能放大光明，大地六反動，令眾生歡喜。
如來處斯座，法王放光明，當知如是時，眾生等受樂。
正覺處斯座，大智歸依處，放光利世間，遍照此佛剎。
奇哉是大乘，最勝乘無上，如來處斯座，利益難思議！
奇哉是大乘，最勝乘無上，沙門婆羅門，於此莫能測！

爾時，世尊出廣長舌，遍覆於此三千大千世界已，告諸菩薩摩訶薩及諸大聲聞眾言：「諸善男子！汝等當知昨中夜後，欻有淨居諸天難陀天子、須難陀天子、栴檀天子、須摩那天子、難勝天子，乃至須多波天子等，與無量諸天子，有大威德，具大神通，放盛光明，直照耆闍崛山，來至我所。即以種種天上妙香，所謂天末栴檀乃至天多摩羅跋香等，散於我上。復以種種天華，所謂優鉢羅華乃至大曼殊沙華等，供養於我，右遶三周，頂禮我足，退住一面。彼退住已，更於我所增敬上心，合十指掌默然而住，住已即作如是思惟：『今此一切菩薩念佛法門，過去諸如來、應供、等正覺已曾為彼天人大衆宣揚解釋，惟欲安樂彼諸衆生；今我世尊亦當為此天人大衆如是演說念佛法門，安樂利益諸衆生故。』彼諸天子如是念已，即便請我說此法門，時我默然許為其說，諸天知已於是不現。」

爾時，世尊即說頌曰：

比丘知昨中夜後，淨居天王摩醯羅，將諸天衆及眷屬，難陀及以須難陀，
須摩那天栴檀等，乃至難勝須多波，普放世間勝光明，直照此土耆闍崛。
彼天既來至我所，以天華香而供養，然始右遶我三周，頂禮恭敬一面住。
彼諸天子默生念：今此念佛修多羅，過去最勝曾廣宣，憐愍世間衆生故；

今我釋尊十力具，寧不演說斯法門，利益世間諸羣生，安隱一切天人故。
諸天念已便發請，時我默然遂許之，我故欲於耆闍山，如先諸佛所演說。
天知我已許之故，生大歡樂尊敬心，一切咸復恭敬禮，右遶三周然後去。
比丘汝輩當善聽，我聞過去諸佛說，莫於是處生驚疑，諸如來智難可測。
往昔諸佛所行道，我先知盡無復疑，現在一切人中尊，所得菩提我已證。
當來大悲愍世者，自然法身我覺知，我今具足無礙智，如是大智難稱量，
超出世間無與等，一切衆生莫能測。

菩薩念佛三昧分不空見本事品第二之一

爾時，世尊告尊者舍利弗、尊者大目揵連、尊者大迦葉、尊者須菩提、尊者富樓那彌多羅尼子，如是等具足神通、有大威德諸大弟子言：「汝諸比丘！如汝所知，依汝境界，當於我前各師子吼。何以故？若汝說者，令此一切天人大衆諸聲聞人咸得信解故。」

爾時，世尊復告彌勒菩薩摩訶薩、文殊師利菩薩摩訶薩、越三界菩薩摩訶薩、超不思議菩薩摩訶薩、善行步菩薩摩訶薩、初發心即轉法輪菩薩摩訶薩、善思惟菩薩摩訶薩、大音聲菩薩摩訶薩、持世菩薩摩訶薩、不空見菩薩摩訶薩等言：「不空見！汝今應當大師子吼，決定請說諸佛世尊所得功德真實相貌，汝若請者，則能利益一切世間諸衆生輩，是故我今躬自勸汝。」

時彼不空見菩薩聞聖教已，即於佛前以偈讚曰：

世尊百福金色身，慈悲妙覺第一義，功德智慧斯無減，忽令我請何因緣？
無有等類人中尊，世間勝智靡超者，法王功德已究竟，何緣今日勸我請？
佛滅清淨禪第一，智慧深妙解脫真，解脫知見*光圓滿，何故今日勸諮問？
法王威儀咸具足，一切世間最尊雄，既能自利亦利他，大師何因勸我請？
世尊慈悲久淳至，曠劫常行無怨親，無障礙辯難稱量，何因世尊令我請？
能施一切貧乏財，亦開世間生盲眼，勝尊能令怖者安，何緣世尊勸我請？
佛身滓穢不能污，衣服本來離塵垢，生處王中聖王家，何因今者方勸請？

聖衣離身四指間，終無近體而能住，旋嵐巨風吹不動，聖尊何事而勸請？
世尊尋常行路時，所至窊凸自平滿，或經高阜即坦然，何因今日令我請？
世尊身相悉圓滿，行步支節無動搖，由得不壞難思議，不應今日令我請？
我觀世尊迴顧時，大地便隨六反動，無有神足若如來，如是自在人中最。
世尊光明所照觸，能令狂者不失心，但能暫覩如來光，或時失念旋即復。
世尊行時足動塵，衆生遇者七日樂，乃至壽終隨意生，故我歸命與樂者。
若人遭病受大苦，衆痛酸迫不能堪，暫蒙世尊以手摩，即得安隱不可說。
世尊法身具斯力，皆因曠劫長時修，是處終無有疑惑，導師不應勸我請。
人中獨尊種種能，調伏大仙度一切，我今還白天人師，是故不應勸我請。

爾時，世尊復告不空見菩薩言：「善哉！善哉！汝不空見！快說是事，善思念之，吾當解說。」

不空見言：「如是，世尊！惟願廣釋，我今諦受。」

佛告不空見：「我念過去無量無邊阿僧祇劫，時彼有王，名無邊精進，有大神通，具足威德正法治化。所居大城名曰善住，其城寬曠，東西具滿十二由旬，南北惟有七由旬半，城有七重，其城重別皆以七寶，所謂：金銀、琉璃、頗梨、馬瑙、車渠、真珠、珊瑚，盡用如是眾寶間錯。

「復次，不空見！當知彼城，城有四面，面別三門，門各皆有二闕相對，樓閣高廣，莊嚴殊麗具足，咸以妙寶合成，當其門中，豎帝釋勝幢以為門限，乃至所有楣棖榲閫，一切皆是眾寶厠窴。復次，不空見！彼城諸門，咸有金、銀二種絡網羅覆其上，復於網上種種嚴飾，金網銀鈴、銀網金鈴，清風吹動出微妙音，具足和雅猶如天樂。復次，不空見！彼城七重，於七重內具足寶階，斯有欄檻鏤綺分明，七寶所成，雜色可愛，於金欄處垂白銀茸，於銀欄所懸真珠茸，於珠欄處懸琉璃茸，乃至種種諸綵交錯，眾寶間懸，互相映發。復次，不空見！彼城七重周匝皆有寶塹圍遶，所謂：金銀、琉璃、頗梨、馬瑙，諸種莊嚴皆用寶成其塹，各有七寶階陛，雜色分炳，微妙可觀。

「復次，不空見！彼精進王，諸塹水中妙華盈滿，所謂：優曇鉢花、鉢頭摩花、拘物頭花、分陀利花，如是衆花光明可愛，鮮潔柔軟芳烈遠聞，衆生受用無遮護者。復次，不空見！彼精進王，其塹岸上植種種華，所謂：尼文迦多華、鉢帝劍華、阿地目多迦華、瞻波迦華、婆梨師迦華、拘毗羅陀華、達奴迦利迦華，如是諸華香鮮可愛猶如天華，民人取用亦無遮護。

「復次，不空見！彼城各有七重行列，多羅寶樹周匝圍遶，鮮明可愛，七寶合成：其黃金樹白銀為葉及以華果，白銀樹者真珠為葉及以華果，真珠樹者琉璃為葉及以華果，琉璃樹者頗梨為葉及以華果，頗梨樹者馬瑙為葉及以華果，馬瑙樹者車璖為葉及以華果，車璖樹者赤真珠為葉及以華果，赤真珠樹者珊瑚為葉及以華果，珊瑚樹者真金為葉及以華果。復次，不空見！諸多羅樹光茂可觀，微風觸動，出妙音聲，若得聞者，歡喜受樂，如人作樂，能生種種微妙音聲，若有得聞，無不受樂，彼多羅樹風來觸時出微妙音，令人樂聞亦復如是。

「復次，不空見！彼王城中常有如是種種諸聲未曾斷絕，所謂：象聲、馬聲、車聲、步聲、鼓聲、貝聲、箜篌聲、琴瑟琵琶、箏笛笳簫，如是一切種種音聲未曾暫息。王恒宣令國內民人，誰有所須飲食、衣服、象馬、車乘，隨意所須皆悉給與。復次，不空見！彼王城外多羅樹林，行人遊處在下休息，若飲、若食、或臥、或坐聞此寶樹諸微妙音，莫不皆受五欲妙樂。

「復次，不空見！彼精進王於大城內近遠皆如一射箭所，置一華池，四岸及底皆四寶成，四面階道七寶莊飾，所謂：黃金階道白銀莊飾、白銀階道琉璃莊飾、琉璃階道頗梨莊飾、頗梨階道馬瑙莊飾、馬瑙階道珊瑚莊飾、珊瑚階道虎珀莊飾，眾寶雜廁，見者歡喜。復次，不空見！彼池復有諸種妙華，所謂：優鉢羅華、鉢頭摩華、拘物頭華、分陀利華，如是眾華香氣芬馥，眾生聞者無不愛樂。於池岸上復植諸華，所謂伊尼摩迦乃至達毚迦利華，眾華可愛猶如天華。彼華池門常開不閉，人民往來無遮禁者。

「復次，不空見！彼精進王於大城內置遊觀園，於諸園中復有種種七寶樹林，常有華果，王與夫人、後宮侍御同共遊處，歡欣取樂，門亦不限，任彼人民遊觀嬉戲等受快樂。復次，不空見！又於彼園內面各一箭所別置花池，亦以金等四寶所成，復用七寶嚴飾階陛，衆色光麗，見者樂觀。彼池水內種種諸華，所謂優鉢羅華乃至分陀利，是等衆華芳鮮可愛；池岸復有多種林樹及諸華果，所謂婆尼斫迦華、陀摩那伽、乃至達衾迦利華，是等華果香鮮可愛，人民取用無遮禁者。

「復次，不空見！彼精進王稟性仁愛，慈念衆生如母愛子，亦常深心敬事沙門、婆羅門、剎利長者，如子事父。復次，不空見！彼王形量魁偉，挺異常人，身體圓滿衆相具足，面目端正顏色光榮，威德弘普天人愛敬。復次，不空見！彼王宿植德本生剎利家，種姓尊高世無勝者，所生父母七世清淨，妻子眷屬福慶會同，無有一人行過非者。復次，不空見！彼王以福業故，天下豐饒，凡是百味恒滿倉厨，繒錦諸珍盈溢府庫。」

大方等大集經菩薩念佛三昧分卷第二

隋天竺三藏達磨笈多譯

不空見本事品之餘

「復次，不空見！彼精進王以慈愛憐愍多好行檀，常為大會無礙施主，天下所有沙門、婆羅門貧窮疾病，諸乞求者隨須給與，無有休厭。

「復次，不空見！彼精進王凡所統領八萬四千城邑聚落，皆是淨業勝因所感，七寶合成。於諸城上一一復造八萬四千栴檀樓觀，諸門左右亭傳路次，悉有堂舍眾寶莊嚴，門無晝夜常開不閉，以擬一切等獲大安。又諸城內衢巷街陌恒然燈燭，有大光明，令彼人民各力為作，同共受斯安隱快樂。

「復次，不空見！彼精進王時有二子，一名師子，二名師子意，諸根明利身相圓滿，有大威德，具足神通，皆已先發阿耨多羅三藐三菩提心。復次，不空見！當爾之時，有佛世尊號曰寶聚如來、應供、等正覺、明行足、善逝、世間解、無上士、調御丈夫、天人師、佛、世尊出現於世，常為天人、梵、魔、沙門、婆羅門、諸龍、夜叉、乾闥婆、阿修羅乃至一切人非人等，宣明正法，初中後善義味深奧，其文亦善，純備無雜，清白梵行。復次，不空見！時彼寶聚如來、應供、等正覺，常與七十二億百千諸大聲聞皆阿羅漢，具足神通，有大威德，近善住城說法教化。

「復次，不空見！爾時，寶聚如來、應供、等正覺即於食時，著衣持鉢，與彼七十二億百千大聲聞衆前後圍遶，威容詳雅，入善住城次第乞食。彼精進王適與二子在高樓上，遙望見彼寶聚如來，大衆圍遶，端嚴殊特，威德巍巍，行人觀覩莫不樂見，諸根清淨，心慮澹然，上下調伏勝奢摩*他，到於第一功德彼岸，具足圓滿一切種地。王既見已，生奇特心，喜勇無量，即與二子取諸華鬘、塗香、末香及餘名香，俱出宮門，速疾持詣寶聚如來、應供、等正覺所，奉獻供養佛及大衆，頂禮佛足，却住一面。復次，不空見！彼精進王及其二子即便要請寶聚如來與諸大衆盡形供養，所謂衣服、器具、飲食、醫藥，凡是所須悉皆奉給，庶事隆厚，聖衆獲安。是精進王與其二子，宿植德本，常求佛法，今既遭逢，又蒙受請，心生歡喜，慶幸特深。

「復次，不空見！時彼寶聚如來、應供、等正覺於天人中說法教化所應作已，便於中夜入無餘涅槃。不空見！時，精進王聞彼世尊般涅槃已，即與夫人及其二子躬率羣臣及諸民衆，詣彼世尊般涅槃處。至已，敬禮世尊足下，悲號啼哭，椎胸大叫，舉身投地如樹中摧，躄地宛轉而傷歎曰：『世尊滅度一何駛哉！大聖涅槃遺棄我等，世間方盲導師長逝，衆生貧困商主告終，世界將昏慧燈忽滅。』

「不空見！彼精進王如是追慕，極悲歎已，方與二兒詣世尊所，以諸香水沐浴聖身，復用衆香遍塗尊體，更以種種殊異華鬘、微妙樂音盡虔供養，然後方用迦尸迦衣妙疊纏裹，安處金棺及以鐵槨，其棺又以七寶雜廁，如是盛置彼佛身已，方聚清淨赤妙栴檀，高一由旬，縱廣正方一拘盧舍，散諸種華及以華鬘，燒然殊勝塗末香等，灌以蘇油，然後起火闍維寶聚如來色身。

「復次，不空見！時彼王子師子既見如來般涅槃已，如是思惟：『天人大師捨我滅度，我於今日何義苟存？今我若獲隨從如來、應供、等正覺而取滅度，豈不樂哉？』不空見！時彼王子如是念已，用諸名香自塗其身，復以諸香熏其衣服，以氎纏裹，然後周圍放大猛火焚燒其身，火熾盛已，師子方於猛焰之中，發大弘誓救諸眾生，歌讚歸依如來功德，以偈頌曰：

世間寶中最尊上，今日放捨入無餘，天人大師轉法輪，我等從此不復覩。
法王利益無量眾，今已棄置入涅槃，吼宣如是大菩提，長不復見眾圍遶。
不可思議大導師，說法能令聞者喜，一切天人諸魔梵，從今永絕不聞聲。
能施貧窮法財寶，為眾演說皆樂聞，諸天龍鬼人非人，自此長往無歸趣。
世間從今無所依，偏悼我王何恃怙，并師子意失覆護，永不聞佛說法音。
我寧捐軀及壽命，無用獨住於世間，以是今滅所愛身，因茲更廣弘誓願。

我於佛所種善根，父王亦常尊三寶，先願以此諸功德，令王及我證法身。
於不思議諸佛所，供養修行衆善業，普願群生同斯福，亦令我誓無虛言。
世尊滅度我焚身，其有得聞或親見，一切皆同等正覺，非彼現在身證者。
若人覺悟及夢中，但令見我今所作，彼必成佛無有疑，非彼現在身證者。
我此愛身終敗壞，事同水沫無堅牢，願彼食我諸蟲獸，皆得速成菩提道。
今我誓行精進事，或有毀罵或輕訶，令我速得調御師，非彼現在身證者。
我求無上正覺時，其或慈心相觀視，即於世間疾成佛，非彼現在身證人。
我今所願及未發，為是焚燒所愛身，若此誠誓必不虛，令我還見滅度佛。
如我暫得覩世尊，何異天師重出世，今我雖復盛焦然，猶冀身存得觀佛。
世尊智慧無障礙，常轉三世清淨輪，如昔廣利諸衆生，令我見佛從火起。
濟世大師若暫起，如先威力普眼尊，佛知師子心精誠，為之暫起*現神力。
廣與世間興變事，令無量衆厭患身，畢竟利益諸衆生，還復焚身入寂處。
大衆覩佛巨神變，以清淨意讚妙音，諸佛妙法難思議，戒及禪定亦復然。

智慧解脫不可量，神通變化亦難測，雖已滅度能淨我，今故歸命焰熾身。
世尊威德無有比，神通已達彼岸邊，滅度能令生厭離，今我歸依普眼觀。
慈悲一切最尊勝，能以自心知他心，悉治無邊界衆生，歸命無等善逝者。
於諸醫中第一尊，常以妙藥施衆生，能除無量衆病苦，歸命憐愍救護人。
以我稱讚諸善根，恭敬供養諸功德，放捨愛身所獲福，先願利益諸衆生。

「不空見！時彼王子師子發斯大願以自莊嚴，然後增火卒捨身命。時諸世間天人、梵、魔、沙門、婆羅門乃至一切人非人等，見斯事已，咸於世間生重厭離。

「復次，不空見！時彼王子捨身命已，即生梵天作大梵王，於諸梵中最尊最勝，有大威德，具大神通。不空見！時彼王子生梵宮已，即自思惟：『我從何處作何善根而來生此，得有如是功德果報大神通力？』作是念已，便自了了分明見知：『我於人間為精進王子，我與父王衆具供養恭敬*歌讚寶聚世尊；世尊滅度，我即焚身於彼熾然猛火之中，發大誓願，歎佛功德，以此善根今生梵宮。然我今應還下人間，開慰我父，答所生恩，復當供養寶聚如來入於涅槃燒身處也。』

「復次，不空見！時大梵王如是念已，與眷屬天於彼宮沒，猶如壯士屈伸臂頃，即至人間往詣寶聚如來、應供、等正覺闍毘身處，以天眾香，所謂天末旃檀及天牛頭沈水、多摩羅跋香等而為供養，復散種種天上妙華，華若車輪猶雲遍滿而為供養。師子梵天供養佛已，方慰其父精進王言：「大王！當知王子師子燒身喪命，今我是也；我時即生大梵天中，願王勿復憂悲痛惱，惟應歡喜深自慶快。何以故？王今已獲第一大利。所以者何？諸佛世尊難遭難遇，而王已得值遇世尊寶聚如來、應供、等正覺，尊重恭敬，具足供養，是為希有第一大利。是故，大王從今已後，惟當一心受持是法，弟師子意亦應如是受持此法。復應供養世尊舍利，處處流布，廣興塔廟，我於梵宮亦常如是，持斯妙法，尊奉舍利。」如是言已，忽然不現。

「復次，不空見！時彼精進王聞梵語故，即與其子師子意者，往詣寶聚如來、應、等正覺舍利之所，恭敬禮拜，歌誦讚歎，持一切香、一切華鬘并諸音樂；復持諸種幢幡、寶蓋奉獻供養。又少時間於彼八萬四千諸城，純以七寶興起八萬四千塔，高一由旬，面各廣長一拘盧舍，殊特端嚴，光耀可愛，安止舍利，咸令供奉。又於一一寶塔之所，常然八萬四千燈明，各各復以一切名香、一切妙華及以華鬘、一切幢幡、一切寶蓋、一切樂音、鼓贏、角貝、鍾鈴、磬鐸，凡是衆具莫不畢備，如是供養受持是法。彼精進王以斯善根，於八萬四千劫不生惡道，及師子意亦同果報，王大夫人名曰善意，其最大臣多曰無瞋，亦於八萬四千劫中受勝果報。彼王如是於諸劫中，次第供養六萬諸佛，所生常受轉輪王身，正法治化，利益衆生。

「復次，不空見！彼寶聚佛滅度之後，時節未幾，有一菩薩摩訶薩，名普密王，現生世間，為世間故，捨家出家，示修苦行，詣菩提樹，坐於道場，以一念慧斷除無明煩惱習氣，即證阿耨多羅三藐三菩提。不空見！時彼師子大梵天王，以天眼觀見普密王如來、應供、等正覺出興於世，即復還下住虛空中，持天衆香及以妙華散於佛上，然後至地，右遶三周，恭敬合掌，頭面禮拜，勸請世尊轉大法輪。時彼師子梵王住於佛前，以偈請曰：

世尊今應闡妙法，我等衆生堪聽聞，智慧摧敵今適興，一切世間莫能毀。
如來無上調御者，具足至真十種號，利世大師今已起，自然正覺妙菩提。
功德圓滿人中上，聖智久修非始然，世尊但為演妙音，今此大衆樂聞受。
弘誓本為度世間，無歸依者作覆護，如昔所願今既滿，已到寂靜無為處。
今當速開甘露門，能壞三縛出衆惱，梵王陳請義已周，如來於是默然許。
於須臾頃普密佛，遂令彼梵極歡喜，及無量億天人衆，以聞善逝轉法輪。
時彼梵天蒙說已，廣持衆具奉報恩，於是復發弘誓願：為求無上菩提處，
今於普密世尊前，陳我所作諸功德，以此善根所生處，常奉十方諸世尊；
我昔道場供養佛，請聽慈說利衆生，因是微善凡所居，願於佛前常歌讚。」

爾時，世尊復告不空見菩薩摩訶薩言：「不空見！時彼精進王子師子梵天，以燒身善根得生梵宮，次第供養五千諸佛，聽聞正法，增長善根，常發廣大不思議願。不空見！汝今當知！爾時無邊精進王者豈異人乎？即我身是。」

時，彼不空見菩薩復白佛言：「世尊！彼王二子，師子及師子意者，今何所

在？為於現世供養諸佛，為已滅度在他世耶？」

佛言：「不空見！汝知爾時王子師子意者，今此彌勒菩薩摩訶薩是；爾時王子師子者，即汝不空見菩薩是也。以汝於彼寶聚如來佛法之中發大誓願一捨身故，能令三萬天人大衆發阿耨多羅三藐三菩提心，彼輩終必證大菩提無有疑也。」

爾時，世尊為重宣此義，以偈頌曰：

我觀過去久遠劫，佛號寶聚無上尊，無師自覺現世間，能益天人羣生類。
具足百福金色相，慈心顯發實義門，開示衆生菩提路，吼唱能盡衆苦源。
寶聚挺特人中勝，七十二億衆聖賢，三明六通具八解，隨佛入城而分衛。
我於今日為勝王，無邊精進大威力，恒將二子從左右，因巡遊觀處高樓。
遙見調伏大仙神，比丘僧衆悉圍遶，我時及子趨疾下，馳詣無等尊勝前。
既至大師善逝所，施設諸種妙供具，頂禮尊足口發言，啟請如來及僧衆。
衣食衆具盡形奉，滿足八萬四千年，并是二子淨信心，為求無上菩提故。
人中極尊既涅槃，興起八萬四千塔，衆寶間廁奇光耀，但為人寶遺餘身。

一一城中寶塔所，各然無量百千燈，香華音樂鼓鍾鈴，彼王為佛興斯供。
因種如是勝善根，次第遭遇六萬佛，悉皆供養親承事，為求無上大菩提。
汝不空見勿復疑，曩時統領大地主，彼深智王我身是，其號無邊精進力。
常以華香修供養，教化一切諸衆生，具然無量百千燈，為世除闇作光明。
施與財寶未曾休，聽聞正法亦無厭，精進苦行不暫捨，為證無上大涅槃。
汝於寶聚如來所，以衣纏身火洞然，猶如燈炷塗膏油，須臾火至即爔爐。
汝時身火熾焰盛，毛色無動神不驚，於彼人寶滅度日，爾躬如是為世間。
猛火如斯煎迫時，汝猶方便而勸請：願見世尊從火起，大悲護世現本形；
我今所願成就者，方得如意捨身命，但能暫見如往昔，所獲功德不思議；
我凡所有諸誓言，冀其一切皆和會，若我當來必成佛，願於猛焰見世尊。
佛智清淨無障礙，於彼三世坦然平，照明師子淳淨心，佛以精誠從火現。
不空見此願力持，護世須臾應念起，因茲更發莊嚴誓，不思議願實難量。
世尊從彼火起時，一切皆得厭離心，又以淨意發讚音，佛威希有難可測。

無邊相好火盛然，法王應念忽便起，以佛世尊現神變，千數衆得解脫心。
汝不空見知師子，大慈應感忽還坐，由見世尊此神變，千數衆發菩提心。
大悲為世利益已，還復偃臥猛火中，師子於是放捨身，一念往生大梵處。
即從梵宮還佛所，具足供養人中尊，奉持微妙天華香，投散彼佛碎身地。
彼寶聚尊涅槃後，其間時節無幾何，復有普密天人師，為利世間故興世。
坐於道樹等至真，是天中天號大覺，大梵天王設供養，恭敬頂禮兩足尊。
請轉法輪利世間，佛知心淨默然許，梵王聞法大歡慶，身得安樂心怡然。
更發殊常大誓願，植不思議衆善根，一劫值遇五千佛，皆得親承興供養。
智者不應更他疑，彼時師子汝即是，不空見時為吾息，汝後事佛經五千。
我皆明見汝燒身，求斯無上菩提道。汝復無量千佛所，於彼滅度舍利時，
亦燒無量所愛軀，皆為他樂自受苦，我知汝今及異世，無量千生長時修。
或佛現在或涅槃，汝常建斯誠實語，經昔無量百千生，惟我神力能知汝。
不空汝久發斯願，果報今者皆明現，汝於諸佛大師前，不思議行悉圓滿。

常業歌讚兩足尊，苦行熏修諸大誓，今獲偈歎大法王，斯由往積勝因緣。
又於普密王佛前，攝取最上無邊願，汝今果獲如斯報，蒙佛如來現威神。
時不空見於眾所，恭敬合掌頂禮佛，請問天尊調御師，慈悲利益眾生事：
大仙我曾何誓願，而能捨棄無量生？惟願世尊開少分，我蒙聖說乃能了。
不空汝於往昔事，吾今為汝粗說之，汝於雲音如來所，已發如是廣大願：
諸佛若證菩提時，當今我身常奉覲。又於帝幢普眼佛，彼時亦發大誓願：
世間若有最導師，當令我即同斯道。汝於日燈如來所，亦發勝妙諸行願。
汝不空見惟我知，造作眾寶經行處，或營壯麗佛精舍，若搆殊異僧伽藍，
彼皆微妙七寶成，一切資具奉諸佛。於不思議眾所尊，人中師子善生佛，
持七寶蓋及眾具，供奉超世天中天。於彼普眼如來所，爾時又起妙願行，
廣施燈明眾供調，奉獻世間天人師。汝於如是無量佛，過千萬億那由他，
自受勤苦安眾生，發彼莊嚴弘廣誓。汝於普密王佛前，所發誠願我今說：
如其修行成佛者，我所散華遍大地。汝於雲雷音佛所，為世間故發斯願：

若有衆生聞我名，願彼咸即成佛道。復於帝釋幢佛前，廣興供養因誓願：
凡我所處若見聞，彼彼皆得成佛道。汝於日燈如來所，奉施七寶經行處，
無邊威所大明佛，汝當爾時發願言：常施勝處妙莊嚴，願我佛剎亦如是。
汝於月上如來所，願得第一最天宮，佛尊處中而遊化，衆生遊者悉成佛。
汝於澡浴善逝前，實作如是至誠願：若於夏日盛暑時，衆生身心離熱惱。
汝於鴦祇羅佛所，亦發如是增上願：恒於長夜黑闇時，願施燈明除迷惑。
若我捨施身命處，其有食肉諸衆生，必皆成佛無有疑，非彼現在身證者。
或於覺悟及夢裏，若有衆生聞我名，一切成佛無有疑，非彼現在身證者。
汝於勇猛精進時，其有愛憎爾所作，斯等皆當成法王，非彼現在得證者。
汝先無量世生處，於彼恒願求菩提，我今說汝實功德，當來必獲無上尊。
若有禽獸及餘衆，彼必成佛無復疑，諸是食汝身肉等，一切自然證法身。
我知汝有千數行，皆為利益諸衆生，若有聞者或生疑，以時未至我不說。
凡我所說汝諸事，其或衆生願樂聞，彼彼得佛必無疑，非餘現在身證者。

若人欲見救世尊，轉此清淨勝法輪，聞已能破諸苦惱，為證菩提故樂聞。

若人欲見三世佛，恭敬供養上福田，具足積聚諸功德，必先受持此三昧。

為利世間天人故，世尊宣說是事已，遂下法座而徐行，即還歸寂於本室。

大方等大集經菩薩念佛三昧分卷第二

大方等大集經菩薩念佛三昧分卷第三

隋天竺三藏達磨笈多譯

神變品第三

爾時，尊者舍利弗、尊者大目乾連、尊者大迦葉、尊者阿難及諸天人、梵、魔、沙門、婆羅門等，咸作是念：「何因何緣，今我世尊、如來、應供、等正覺，在於天人大衆中，為諸梵、魔、沙門、婆羅門、諸龍、夜叉、乾闥婆、阿修羅及以人非人等，宣說如斯念佛三昧法門名已，而未解釋，即從坐起還本住處默然寂坐耶？」

爾時，不空見菩薩摩訶薩如是思惟：「今此天人、梵、魔、沙門、婆羅門及彼一切諸龍、夜叉、乾闥婆等，大衆咸集，而我世尊本處入定，我今亦應少現神通，現神通已，為令種種稱歎世尊大慈功*德。」

爾時，不空見菩薩摩訶薩如是思惟已，即入三昧，三昧力故，令此三千大千世界莊嚴微妙，凡諸所有皆七寶成，所謂：金銀、琉璃、頗梨、馬瑙、車璖、珊瑚、真珠，如是衆寶之所嚴飾。其地平正猶如手掌，一切大地咸有如是寶，諸多羅樹八道間錯羅布其中，彼等諸樹端嚴可愛：金多羅樹白銀葉華、銀多羅樹琉璃葉華、琉璃樹者頗梨葉華、頗梨樹者馬瑙葉華、馬瑙樹者車璖葉華、車璖樹者真珠葉華、赤真珠樹黃金葉花，如是處處懸繒綵蓋，垂諸金鈴，寶網羅覆，建布幢幡，皆用雜寶。復以種種微妙莊嚴周匝圍遶世尊住處，一切多是可愛衆花，所謂：優鉢羅花、波頭摩花、拘物頭花、分陀利花，如是等花皆悉充滿於此世界，具足莊嚴，清淨微妙，其事亦爾。

爾時，不空見菩薩摩訶薩三昧力故，復現如是莊嚴之事，令此三千大千世界所有大衆乃至天、龍、夜叉、乾闥婆、阿修羅、迦樓羅、緊那羅、摩睺羅伽、人非人等一切衆，故化作衆寶大蓮花座，其花具有無量千葉清淨柔軟，譬若迦耶隣尼天衣，令諸衆生各相見知彼此，咸得坐於花座。

爾時，不空見菩薩摩訶薩復於定中更現如是大神通事，令此三千大千世界一切大地六種震動，所謂：動、遍動、等遍動，涌、遍涌、等遍涌，起、遍起、等遍起，震、遍震、等遍震，吼、遍吼、等遍吼，覺、遍覺、等遍覺，是六各三合十八相，如是乃至中涌邊沒、邊涌中沒。猶如摩伽陀國赤圓銅鉢置於石上傾轉不定，自然出聲；如此三千大千世界不扣不擊，自然出聲，其事若此。當震吼時，彼諸衆生聞聲覺悟者，一切皆受上妙觸樂，猶如東方不動世界，亦如西方安樂國土，其中衆生等受快樂，聞聲獲安亦復如是。

爾時，不空見菩薩摩訶薩住三昧故，心轉清淨無有垢濁，隨順調柔遠離麁獷，寂無變動，心深潤澤，普令安樂；然後復作如是神通，令此三千大千世界遍虛空中雨熾然火；不令滅壞衆生身心，而彼衆生蒙火觸身，皆得受斯微妙勝樂，猶如比丘入火三昧恬然安樂，觸火衆生怡悅亦爾。

爾時，不空見菩薩摩訶薩以三昧力，復作如是大神通事，今此三千大千世界雨天栴檀細末之香，其香微妙遍滿三千大千世界；若彼眾生聞此香者，皆得如是第一勝樂，猶如釋迦如來、應供、等正覺，其於往昔行菩薩時，在彼然燈佛世尊前受菩提記已，得不思議希有妙樂；時諸眾生聞天妙香，不思議樂遍滿身心亦復若此。

爾時，眾中尊者阿難作如是念：「今何因緣忽見如是不可思議希有莊嚴？此大神變誰所致乎？然我世尊還房宴寂，不當若是斯大神通，豈我諸大聲聞眾中所能作耶？為此會眾多諸大人猶如龍象，或其所作得非彌勒菩薩、文殊師利菩薩、越三界菩薩乃至不空見等，亦或是餘諸大菩薩摩訶薩輩，具足威光現斯事耳？」

爾時，尊者阿難如是念已，即白尊者大目連言：「大德！我聞世尊常如是說：『我弟子中，神通第一則目連其人也。』今現是瑞，將無大德之所為乎？」

時大目連答阿難言：「仁者！此瑞殊常非我能作。所以者何？憶念我昔於一時間，取此三千大千世界悉內口中，其時眾生乃至無有一念驚懼覺往來想。阿難！又念我昔住梵天宮發一大聲，遍此三千大千世界。阿難！復念我昔在世尊前作師子吼，能以須彌內於口中，能過一劫若減一劫如是為常。阿難！又念我昔至陽炎世界，於彼發聲，遍此世界咸得聞知。阿難！又念我昔身住於此閻浮提界，而能*搖動忉利天宮難勝大殿。阿難！又念我昔至彼難陀、優波難陀諸龍王所，彼龍如是炎熾巨毒，我時降伏，令住戒善，又亦曾辱惡魔波旬。

「阿難！我念往昔至於東方，住彼第三千世界，有一大城名曰寶門，於彼凡有六萬億千家人，我即於彼六萬億千家中，一一皆現我目連身，為彼衆生演說諸法無常、苦、空、無我，皆令安住如是正法。阿難！我雖能為曩之變化，初未曾見如是神變，云何作耶？阿難！今我處此大蓮華座，觀見十方一一佛土無量無邊同我世尊釋迦號者，皆還本室默然寂坐，而我見彼諸佛國土，亦如觀此娑婆世界。阿難！我於向時亦以天眼周遍觀察是變因緣，而終弗知所從來處。」

爾時，大目連為重明此義，以偈頌曰：

我所成就四神足，同類孰能相挍比？唯獨世尊天人師，餘人神通寧我及。

我曾吞合此佛剎，大地眾生弗覺知。我又曾至梵天宮，一音充滿此世界。
我又曾於世尊前，吞噉須彌若經劫。我又炎界發大聲，令此佛剎遍聞聽。
我又震動天帝宮，彼於天女眾中坐。我又往詣難陀所，降伏如斯大毒龍。
我又念昔作神變，身住於此現東方。我今六萬億千家，彼彼各謂見我身。
阿難我今所觀變，初未覩是大神通，我唯生大希有心，然是神通非我作。
我今處大蓮花座，亦見眾生坐花中，復見諸佛大威王，觀察盡於十方界。
決定自在天尊作，或能大士之所為，如是非常大神變，昔來未見今方覩。

爾時，尊者大目乾連作如是等師子吼，時彼大眾中十千天人於諸法中得清淨眼。

爾時，阿難白尊者舍利弗言：「大德！我親從佛聞如是言：『我諸聲聞大弟子中智慧第一，則舍利弗其人也。』今此神變將非大德之所作乎？」

時舍利弗語阿難言：「阿難！此瑞殊常非我所及。所以者何？我念自從二十年來，精勤修習毘婆舍那，一心觀察求法實相，終不能知諸法邊際。阿難！又念我昔取一袈裟投置地上，時大目連第一上座，威神若是，既不能取，乃至不能舉令離地，何云手擎？阿難！又念我昔居世尊前作師子吼，亦於一切具足神通諸大聲聞及學、無學、天人、梵、魔、沙門、婆羅門乃至一切諸龍、夜叉、乾闥婆、阿修羅等諸大眾前；時彼外道波梨波闍來至我所，與我諍入諸禪定已，復欲共我較隱其身競師子吼。

「我於彼時，建丈夫志，行丈夫事，遂作如此諸不思議，唯除世尊一切知見及以彌勒菩薩摩訶薩諸是一生補處者，又除彼成就甚深法忍諸菩薩摩訶薩，又除得海德三昧諸菩薩摩訶薩，又除得善住三昧諸菩薩摩訶薩，又除得諸佛現前三昧菩薩摩訶薩，除如是等諸大菩薩摩訶薩已；自外所有如來世尊聲聞大弟子，若來問我隱身時事，乃至外道波梨波闍等而更問我隱沒身時為住何處者，阿難！我作如是大神變時，一切聲聞，設辟支佛，皆不能知我身所在，及其說時空聞我聲，終不能知我身所在。阿難！我常精勤大丈夫行，亦復成就大智人事也。阿難！我心隨我行，非我隨心行。

「阿難！我今自知身處大蓮花座，亦見一切天人大衆皆悉坐彼大蓮花座。阿難！我復見彼一切十方無量無邊不可思議諸世界中，皆有諸佛世尊，悉在菩提樹下坐於道場成等正覺，具足成就無量無邊大威德力，諸天大衆恭敬圍遶，大梵天王請轉法輪曰：『世尊！若當轉法輪者，我等隨順。』阿難！我聞是聲，我見是事，今者如是無量無邊諸佛國土，皆是七寶雜色繒綵，懸諸金鈴，羅網覆上，種種宮殿微妙莊嚴，如此娑婆世界。阿難！我於向時亦作是念：「今此不思議大莊嚴事，將非世尊大神通作乎？或是諸大菩薩摩訶薩輩，厚集善根具足福智，能現若斯大神變耳？亦或世尊聲聞衆中諸大弟子，久種善根，具大威德之所為也？」

爾時，尊者舍利弗為重明此義，以偈頌曰：

世尊神力難思議，及求如來功德者，所有聲聞大弟子，滿此佛刹學無學。
於彼智中我第一，何云更有勝我者？唯除諸佛如來輩，及諸菩薩行菩提。
自我觀察諸法相，具足滿於二十年，求諸法底不得邊，我之智慧過於彼。
今者在佛世尊前，欲以此智師子吼，且置一切諸外道，唯大聲聞求我身。

終無有能見我身，及以所作諸神變，唯除如來等正覺，並諸佛子大菩薩。是乃知我身所在，非彼外道及聲聞，禪定解脫不思議，是心任我而迴轉。我修丈夫真空行，仁者我業常如是，我有如是勝神通，一切聲聞不能入。然我今所見十方，若斯神力我貪羡，我今處大蓮華座，遍見諸方無量土。無量剎中咸有佛，各詣佛樹坐道場，彼剎眾寶異莊嚴，端正微妙甚可愛。我時亦作如是念，決定如來現神通，或大弟子之所為，或諸菩薩不空見。

爾時，尊者舍利弗作如是師子吼，時眾中有一萬三千人遠塵離垢，得法眼淨。爾時，阿難如是思惟：「此大迦葉有大威德，具足神通，今是變化或其所作，我今亦當問其作不？」於是阿難即白尊者摩訶迦葉言：「大德！我親從佛聞如是說：『我弟子中頭陀第一，則大迦葉其人也。』是不思議大神變事，將非大德之所為乎？」

時大迦葉答阿難言：「仁者！此變殊常，非我能作。所以者何？我念一時輒不自量，在世尊前作師子吼。阿難！我時於此三千大千世界須彌山王及大鐵圍，乃至諸餘黑山之屬，一以口吹能令破散，乃使無有如微塵許；其有眾生住彼山者，不令損害，亦無覺知，如是諸山皆悉滅也。阿難！我又一時於此三千大千世界一切大海、大河、小河、陂池諸水乃至無量億那由他百千水聚，以口一吹皆令乾竭，而彼眾生不知不覺，亦無苦惱。阿難！我又一時在如來所，及諸天人、梵、魔、沙門、婆羅門、一切世間諸大眾前作師子吼，廣現神通。阿難！我今唯有如斯威力，能作如是自在神通。

「阿難！我念一時在於如來、應供、等正覺前，為諸世間天人、梵、魔、沙門、婆羅門一切大眾作師子吼：『世尊！我能於此三千大千世界之內，以口一吹即令大火熾然遍滿，猶如劫燒，終亦不使損一眾生，亦令眾生竟不覺知。』阿難！我真具足如是神通。阿難！我念一時於此世界，以天眼觀見彼東方過億百千世界，有一佛剎猛火洞然，我既見已，如是思惟：『而我今應示現神通。』既思惟已，即入三昧，於三昧中以口一吹過於東方千億世界，熾然猛火即令熸滅，彼火滅已，我便出定，即見彼界還復如本。阿難！我今但有如是神力。阿難！今此眾中有諸衆生，若天、若人、若梵、若魔、若沙門、婆羅門多有疑心，謂我妄言；彼若不信，世尊後時從三昧起，任自諮問，而今世尊雖入三昧，足知是事，亦聞我聲。」

爾時，世尊尚坐本處住三昧中，遙命阿難曰：「如是！如是！如大迦葉師子吼說，真實非虛，汝當憶持。」時諸天人一切大衆聞佛教已，方於迦葉生希有心，起難遭想。時彼尊者摩訶迦葉作如是等師子吼時，有三億人於諸法中遠塵離垢，復有八十五那由他百千諸天遠塵離垢，得法眼淨。

爾時，不空見菩薩、彌勒菩薩、文殊師利菩薩、越三界菩薩，如是及餘無量無邊諸大菩薩摩訶薩等，皆自久來被服如是大弘誓鎧，聞大迦葉作師子吼，便化華聚若須彌山，乃至再三散迦葉上，復多化作大七寶蓋，住虛空中覆大迦葉頂，并覆一切聲聞大衆。

爾時，大迦葉見如是等諸七寶蓋，遂告阿難曰：「阿難！今此衆中，決定知有大乘高行菩薩摩訶薩能作如是大神通事，而今復現斯大神變也。阿難！我今坐此大蓮華座，所見諸方無量無邊不可稱數諸佛世尊；又見彼剎皆七寶成，殊麗莊嚴真可瞻覩，彼諸衆生復有如是勝上果報，我今悉見猶如忉利一切諸天耽醉花冠，常帶瓔珞，諸天身色如月光明，於虛空中有化寶蓋，彼諸衆生一一頂上悉有寶蓋，如我頂上覆七寶蓋無別異也。阿難！我又見彼諸佛剎土，有諸菩薩自兜率天降入母胎。阿難！我見如是神通事時，深生歡喜踊躍無量。阿難！我復思念如是奇異，如是希有，豈彼隨宜凡劣衆生能作如是大師子吼，能現如是大神通事？」

爾時，尊者大迦葉為重明此義，以偈頌曰：

阿難十方大水聚，大海巨河諸流等，我以口風一往吹，令彼枯竭無遺渧。
曾住正覺世尊所，於此剎中作神變，我能乾涸水聚時，衆生無損亦不覺。
此界所有一切山，須彌鐵圍黑山等，能以口風吹令散，仁者我住如是通。
衆生所有住須彌，及餘諸山不動處，爾時令彼無損覺，智者我有如是通。
我以神通燒此剎，口風一吹皆熾然，彼等衆生不覺知，當爾之時無毀壞。
我昔於此佛剎中，遙見東方滿剎火，用口氣吹能滅彼，我通如是難思議。

我今見此大神通，心生殊特大希有，諸佛弟子不思議，一切諸行亦如是。
我今處此蓮華上，觀彼衆刹妙莊嚴，菩薩降自兜率天，入於母胎盡生際。
為當定此聲聞輩，心得自在神通人，為是菩薩不空見，復彼彌勒文殊等。

爾時，阿難復作是念：「此富樓那彌多羅尼子，於一切法已到彼岸，有大威德，具足神通，或時能作如是大事，我今亦應問其作不？」尊者阿難如是念已，即便白彼富樓那言：「大德！我親從佛聞如是語：『我大聲聞諸弟子中說法第一，則富樓那彌多羅尼子其人也。』是不思議莊嚴神瑞，將非大德之所為乎？」

時富樓那答阿難曰：「此瑞異常非我能及。所以者何？我念昔時有諸衆生，應以神通得教化者，我便為彼取此三千大千世界，以手摩之，開示彼等；當爾之時，無一衆生有驚怕想，亦不覺知，唯彼衆生應在此化與神通者，乃能見我手摩世界。阿難！譬如壯士以右手取一迦梨沙般那，左手迴轉不以為難。如是，阿難！我取於此三千世界以手迴轉不以為難亦復若此。阿難！我念一時於世尊前，以一指節取此三千大千世界一切水聚，皆令入我手指節間，無一衆生有損減想。

「阿難！我往一時於初夜中，以淨天眼過於人眼，觀此三千大千世界，作如是念：『是中復有何等眾生，於諸法中心生疑惑？我當解釋令得除斷。』我即觀此三千大千世界所有一切諸四天下無量眾生疑惑諸法，我復生念：『我今應當不離是坐，不出是定，為諸眾生斷除疑網。』阿難！我時念已，便入定心，清淨明了，光澤成就，寂然不動，為彼眾生宣說諸法，決斷疑網無有滯礙，令彼眾生各作斯念：『我等今者皆各蒙此尊者富樓那彌多羅尼子獨住我前為我宣說。』阿難！我當初夜說法之時，即有一萬四千眾生皆得安住佛正法中，復有三萬眾生護持禁戒，復令六萬眾生信佛法僧，歸依三寶，然始安詳自三昧起。阿難！我唯有是說法餘功決疑事也。

「阿難！我又復念：『於此世界以天眼觀見彼北方過三萬佛剎，有一世界其號伏怨，彼世界中有一眾生，於諸法中多起疑網；時彼眾生有聲聞根，易可受化，然彼世尊般涅槃已。』我即生念：『我今亦應不起此坐，不往彼剎，而為眾生解釋疑網。』如是念已，即入三昧，於三昧中，為彼世界無量無邊不可稱數阿僧祇諸眾生輩演說正法，令彼皆得諸法光明。阿難！我但具是聲聞神通，今此眾中若有疑者，須世尊出，請問自知。」

如是語時，佛神力故，虛空出聲告阿難曰：「阿難！如是！如是！如富樓那大師子吼，汝當憶持。」

爾時，諸天、世人、阿修羅等一切大眾聞是事已，發希有心，生奇特想，作如是言：「希有！希有！聲聞尚能建斯大事，況彼菩薩、諸佛世尊？」

爾時，尊者富樓那彌多羅尼子為重明此義，以偈頌曰：

我於說事悉通達，諸漏有生皆滅除，望佛如來無分毫，大尊神變獨超世。
我取此界及諸山，以手迴轉亦摩抹，彼時不動一眾生，我但有斯神通力。
三千世界諸水聚，此剎若見若不聞，我內彼水一指間，於諸眾生無損減。
我於初夜天眼觀，何等眾生心疑惑，求其善根及諸法，欲以神力為決除。
我於如是生念時，不離本坐亦無往，已為宣說正道法，念彼得聞破心疑。
我於如是說法時，令萬四千住聖法，三萬諸人護禁戒，六萬正信受三歸。

我復念彼初夜時，所出神通甚微妙，觀過北方三萬界，見一佛剎名伏怨。
彼佛界中諸衆生，獨有一人深疑惑，我時不起現彼說，令彼各謂己獨聞。
阿難我智正若此，如是神通佛自知，衆生若有疑惑者，但當決定請世尊。
我今坐斯蓮華上，見一世尊般涅槃，彼佛處火就闍維，自外諸方亦皆爾。
我心觀佛生希有，是不可測誰所為，為是世尊為聲聞，而我見佛斯滅度。

爾時，阿難復如是念：「彼尊者羅睺羅，世尊之子，於一切法已度彼岸，有大威德，具大神通，或時能作如斯大事，我今亦當問其作不？」

尊者阿難作是念已，即便白彼羅睺羅：「大德！我親從佛聞如是言：『我諸聲聞大弟子中持戒第一，則羅云其人也。』是不思議莊嚴神變，將非大德之所為乎？」

時，羅睺羅答阿難曰：「阿難！世尊大悲普覆一切，雖稱讚我持戒精進，具足神通，然而今者所現神變事，特非常不可測度，我從生來未嘗見覩，亦未思惟，又無分別，況復能為如斯神變！

「阿難！是大莊嚴實非我作。所以者何？我念往昔唯此三千大千世界廣大若是，所謂百億四天下、百億日月、百億大海、百億須彌山、百億大鐵圍山，如是及餘黑山之類，一切皆納一毛孔中。當爾之時，我身如本，衆生不異，諸四天下所有大地、須彌諸山乃至大海及以衆流，咸皆安隱，無相棖觸，一切無有逼迫損傷。阿難！我但有是自在神力。

「阿難！我昔一時取此三千大千世界所有大海及餘小海、大河、小河，乃至陂池微細水聚，如是一切悉入毛孔。當爾之時，我身無損衆生無害，諸大海水及與河流乃至陂池細微水聚，各皆如本，無相漂迫，所居皆知身在水中。

「阿難！我昔一時此處入禪，既入定已，即於東北至一世界，彼佛世尊號難勝威如來、應供、等正覺、明行足、善逝、世間解、無上士、調御丈夫、天人師、佛、世尊所，現身禮敬，敬已即復還此世界迦維羅城淨飯王前，求索一掬栴檀末香，得已還持於彼佛剎供養世尊，香氣遍滿。時即為彼難勝威佛化作樓觀像輦，分明高萬由旬，一切妙寶莊嚴間錯；復以天香為七寶蓋覆佛頂上，高一萬億八千由旬廣八千由旬。又於彼界為一切眾生，各各化作栴檀樓觀像輦，高百由旬，廣五十由旬，四柱方整，隨意所樂，令彼眾生備具莊嚴，各皆自有無相障礙。阿難！我但如是究竟聲聞神通彼岸，今此眾中，若有於我生疑惑者，任諮世尊，世尊雖處寂定，尚當證知。」

爾時，羅睺羅欲重宣此義而說偈曰：

我曾取此三千界，百億四天與鐵圍，一切悉入毛孔中，阿難我有如斯力。
此閻浮提如是大，彼彼各住不相知，一切皆入毛孔中，阿難是我神通力。
此須彌山甚高廣，鐵圍眾山不隨宜，皆悉置一毛孔中，阿難知我神通力。
彼等皆各無迫觸，而見入我一毛中，時我身體不覺疲，彼亦不知處毛道。
三千大千諸水聚，眾流陂河及大海，一時吸之置毛孔，我但有是大神通。
此界如是眾水聚，大海諸河及細流，彼等皆各不相知，而我能令入毛孔。
阿難我此神通事，昔曾數現世尊前，此眾如有疑惑人，當問如來無礙眼。
阿難我處大蓮花，見彼十方諸菩薩，捨施頭目及妻子，悉祈無上菩提尊。

我見神變生希有，決為世尊之所為，或不空見彌勒輩，亦或聲聞大弟子。

爾時，尊者羅睺羅作如是等師子吼，時彼大眾中有八十七億百千那由他諸天人等，遠塵離垢，得法眼淨，是諸天人得法證已，以天栴檀末香慇懃再三散於尊者羅睺羅上，如是供養已，復發是言：「希有！希有！清淨佛子真行大乘已，於諸法種眾善根，今能如是大師子孔。」

大方等大集經菩薩念佛三昧分卷第三

大方等大集經菩薩念佛三昧分卷第四

隋天竺三藏達磨笈多譯

神變品之餘

爾時，阿難復作是念：「彼尊者須菩提善修無諍行，於一切法已到彼岸，有大威德，具足神通，或能為是不思議變，我今應當問其作不？」時彼阿難如是念已，而復白彼須菩提言：「大德！我親從佛聞如是說：『我諸聲聞大弟子中解空第一，則須菩提其人也。』是不思議大莊嚴事，將非大德之所作乎？」

時須菩提答阿難曰：「阿難！世尊雖說我修無諍空行第一，然是神通非我能作。所以者何？我念一時入於三昧，如此三千大千世界弘廣若斯，置一毛端往來旋轉如陶家輪，當爾之時，無一衆生有驚懼心，亦不覺知己之所處。阿難！我念往昔於如來前，欲作如是大師子吼，白言：『世尊！如此三千大千世界寬廣如是，我能以口微氣一吹皆令散滅，復令其中所有衆生不驚不迫，無往來想。』阿難！我於爾時在世尊前已曾示現如是神通。

「阿難！我念一時復於佛前作師子吼，白言：『世尊！我今能以如此三千大千世界其間所有一切衆生，皆悉安置一指節端上至有頂，然後還來住於本處，令彼衆生寂然無聲，不相逼迫，無往返想。』阿難！我念一時宴坐三昧，見彼東方現前則有六萬諸佛，如是南西北方、四維上下無量無邊百千世界各有六萬諸佛世尊，昔所未見，今皆見知。

「阿難！我於彼時住閻浮提，以是定心復發神力，至須彌頂天帝釋邊，撮取一掬栴檀末香，往彼無量諸世界中，供養向時爾許如來、應供、等正覺；彼彼世界諸衆生等，皆悉明了見我住是閻浮提界，供養承事彼諸世尊，知我是此娑婆世界釋迦牟尼如來、應供、等正覺聲聞大弟子上座須菩提，於空無諍三昧門中最第一者。阿難！我到如是神通彼岸，具足成就神通波羅蜜。阿難！今此眾中，若天、若人、若梵、若魔、若沙門、婆羅門等，於我所說尚有疑心，彼若能問我師世尊今在寂定，自當證知。」

爾時，佛神力故，於虛空中出大音聲，命阿難曰：「阿難！如是！如是！如上座須菩提向師子吼，汝如是持。」

時彼天、人、梵、魔、沙門、婆羅門、阿修羅等見聞是已，身毛皆竪，發希有心得未曾有，作如是言：「甚為希有！實未曾覩如是大事。乃至世尊諸弟子等，尚有如是勝妙神通大威德力，何況諸佛所有三昧神通境界，而可思量、而可宣說？」

爾時，尊者須菩提見諸世間天、人、梵、魔、沙門、婆羅門生希有已，為重明此義，以偈頌曰：

我住禪定解脫門，無諍三昧最第一，我昔曾於世尊所，現神通力無有邊。
我轉三千世界地，一切令入毛道中，如彼陶輪無窮已，衆生安然不覺往。

我昔住於如來前，分散諸山及大地，時彼衆生無損減，以住如是神通門。
我以此界及衆生，皆置掌中入後頂，乃至還下彼不覺，一切咸是斯神通。
我曾入定觀東方，見彼六萬諸世尊，南西北方亦如是，六萬如來無有闕。
又彼四維及上下，諸佛亦足六十千，平等具相金色身，我以天香而遍散，
令彼衆生悉知見，各言我有須菩提，亦領此界牟尼尊，聲聞禪中最第一。
我今作此師子吼，時衆若疑當問佛；佛放大聲誡告曰：如是阿難汝受持。
我滅衆生及我心，乃至佛想無遺行，無諍空行無倫比，我實住此三摩提。

菩薩念佛三昧分彌勒神通品第四

爾時，彌勒菩薩作如是念：「今者世尊諸大聲聞弟子衆輩，有大威德，具足神通，各皆自陳師子吼事，如我今者亦應於此一切世間天、人、梵、魔、沙門、婆羅門諸大衆前，少現菩薩神通事耳。」

時彼彌勒菩薩如是念已，即告尊者阿難曰：「我念昔曾於晨朝時，著衣持鉢

詣世尊所，頂禮佛足白言：『世尊！我今欲入此王舍城，如法求食。』言已即行，阿難！我於爾日復如斯念：『今於誰家初施食者，我要當令是人先住阿耨多羅三藐三菩提，然後方受斯人食也。』阿難！我時念已，即入大城次第乞食，至一大姓婆羅門家，於彼門下默然立住。

「阿難！時彼大姓施婆羅門，知我乞食，見我默住，即告我言：『善來阿逸多！聖者阿逸多！今日何故自屈臨此，其有所須願取我食！』阿難！我即告彼婆羅門言：『大婆羅門！汝今若能於阿耨多羅三藐三菩提種善根者，然後乃當受汝施食。』阿難！時婆羅門即答我言：『仁今若能持此食分遍奉十方恒河沙等一切諸如來、應供、等正覺者，然後我當發阿耨多羅三藐三菩提心，盡力勤修諸菩薩行。所以者何？我亦先於諸如來所種彼一切諸善根故。』

「阿難！我時復語婆羅門言：『大婆羅門！汝今必能建立斯志，我當受食，分布供養恒沙如來阿羅訶三藐三佛陀，無有疑也。』時婆羅門復語我言：『聖者阿逸多！但受我食，分張奉獻恒沙如來，我便發誓亦如誓行。』阿難！我復語彼婆羅門言：『大婆羅門！汝今審能發如斯誓，如誓行者，我取汝食，分散供養恒沙如來。』阿難！彼婆羅門乃至三反要我供養，我亦慇懃令其發心也。阿難！我時如是與婆羅門反覆周旋，相約束已，然後告彼婆羅門言：『大婆羅門！如汝言者，速將食來，吾當為汝分布供養恒沙世尊。』阿難！時婆羅門聞我言已，便授我食，我既受已，則於其前如彈指頃，分布供養恒沙如來。

「阿難！我於爾時，分布彼食供養恒沙諸世尊已，然後還彼婆羅門家。阿難！時婆羅門見我如是無礙神通，心生驚怪，身毛皆豎，然後歡喜踊躍無量，即持種種上妙飲食奉施於我，勸我飽食，我時受已，自恣食之。彼婆羅門然後方持一切珍寶、一切諸香、一切衆華、一切華鬘、一切上妙諸瓔珞具，與我相隨詣世尊所，恭敬合掌，頂禮佛足，即於佛前發阿耨多羅三藐三菩提心，復作是願：『其有衆生聞我施此摶食善根，皆即住於不退轉地。世尊！若我此願必得成就阿耨多羅三藐三菩提者，以此善根令我未來成菩提時，亦有如是無量無邊諸聲聞衆，皆是清淨大阿羅漢，如今無異。若我此誓真實不虛者，以是因緣，令此三千大千世界一切大地六種震動。』而彼大婆羅門發是願時，佛神力故，應時此間三千大千世界所有一切大地六種震動。』

「阿難！今此衆中，若天、若人於我此事生疑心者，世尊出時應當諮問。阿難！我今未成阿耨多羅三藐三菩提，已具如是大威德力，到於一切神通彼岸。阿難！我念往昔無量無邊阿僧祇劫，有佛世尊號曰然燈如來、應供、等正覺，出現世間。我時於彼然燈佛前，獲得如是一切菩薩念佛三昧；得三昧已，諸方所有一切諸佛現說法者，彼諸世尊常現在前。又我得此三昧門已，即於無量無邊劫中，以此神通教化無量無邊衆生，悉令住於阿耨多羅三藐三菩提中，猶如今者王舍城中大婆羅門。

「阿難！復念往昔於彼蓮華上如來、應供、等正覺所，以一神通教化成熟彼三萬億百千衆生，皆令住於阿耨多羅三藐三菩提中。阿難！我又曾於最上不退轉行佛世尊所，得一三昧，名曰普明，得三昧已，教化成熟六萬八千欲界諸天，皆令發於阿耨多羅三藐三菩提心。阿難！當如是知菩薩摩訶薩一切皆有不可思議大神通力第一彼岸。」

爾時，彌勒菩薩摩訶薩為重明此義而說頌曰：

我曾晨朝整衣鉢，請問釋師教明行，於是頂禮辭如來：世尊我今將求食。
大師如是誡我曰：汝去當念利衆生，我涅槃後汝成佛，諸種功德皆圓滿。
阿難我時如是念：未知今往前食所，當於誰家初受食，我應教令住菩提。
我行乞食有所遇，遂逢大姓婆羅門，以恭敬心稱善來，希有遠至阿逸多，
我今自悔仁來晚，唯願時坐受我食，大士妙法難思議，我當奉上精美膳。
我時語彼婆羅門：汝能先發菩提意，利益天人大衆等，然後我方受汝食。
彼婆羅門復要我：汝阿逸多今若能，以我此供恒沙尊，如是我發菩提志。
我便許彼婆羅門：汝於菩提慎莫退，吾以汝供奉諸佛，終令汝身獲大果。
時婆羅門更誠誓：願為我奉諸如來，諸佛勝尊若受者，我行菩提無疑惑。
彼婆羅門信我言，發誠至心受我食，我持彼供恒沙尊，令婆羅門須臾見。
彼既覩我大神通，或驚或喜增珍膳，供養我畢至佛所，便發無上菩提心。

時婆羅門發心已，復廣弘誓不思議：若有菩薩得聞者，彼於世界速成佛。

我昔在佛然燈前，得此微妙勝三昧，彼名菩薩念諸佛，能與妙樂難稱量。

昔於然燈世尊所，受此勝念三昧時，我登得見十方佛，以彼威德故能覩。

若人住此三昧中，能現無邊諸神變，百僧祇劫諸所作，皆為利益諸衆生。

我於蓮華上佛所，得三昧故現神通，滿足七萬諸衆生，皆因我住菩提道。

我又最上如來前，於彼精勤修梵行，所得三昧實端生，能施深樂難稱量。

我於最上行佛所，受一三昧名普明，月上佛時住勝禪，迦葉佛前獲深定。

阿難如是大神通，皆於往昔得成就，以此神通自在力，我所修見諸如來。

若人欲見諸世尊，欲轉無上妙法輪，欲拔衆生出苦海，是人應學斯妙定。

爾時，衆中梵、魔、沙門、婆羅門、天、人、阿修羅、一切世間，得聞彌勒菩薩摩訶薩師子吼時，皆大歡喜，生奇特心，歎未曾有。

菩薩念佛三昧分歎佛妙音勝辯品第五之一

爾時，不空見菩薩摩訶薩覩諸大衆天、人、梵、魔、沙門、婆羅門、諸龍、夜叉、乾闥婆、阿修羅等，得未曾有，生奇特心，或時驚怖身毛皆竪，見是事故，一心安詳，從三昧起已，即告尊者阿難言：「大德！善哉！妙哉！諸佛世尊甚為希有！甚為希有！所以者何？諸如來、應供、等正覺乃至能有大慈大悲，具足無量諸功德等。阿難！諸如來、應供、等正覺能證如是阿耨多羅三藐三菩提時，覺一切法無有生故，見一切法無有作故，知一切法不可得故，然後於彼波羅奈城古仙住處鹿苑林中，三轉十二行無上妙法輪，而是法輪初未曾見一切世間若梵、若魔、若天、若人、若沙門、婆羅門有能如法為斯轉者。

「何等名為三轉法輪？云何復稱十二行也？所謂此是苦、此是集、此苦滅、此苦滅道，乃至此苦已知、此集已斷、此滅已證、此道已修，是為三轉；如是三轉，得名為十二行也。又此為八聖道分，是中有無量文字、無量名句、無量言音、無量義趣、無量解釋，然說斯義為開示故，為論義故，為分別故，為顯示深義故，為易知故，為具足故。」

時彼不空見菩薩摩訶薩復告尊者阿難言：「阿難！是故我言諸佛世尊甚為希有，諸如來、應供、等正覺有大慈悲，具足功德。諸佛世尊既證得阿耨多羅三藐三菩提已，然後為諸聲聞眾等，於彼無教法中以教說故，無言法中以言說故，無相法中以相說故，無證得中教令證得彼法；雖無語言可說、相貌可得，而諸智者皆已覺悟，諸賢善人亦得證知，諸阿羅漢咸得解脫於彼無始生死中也。復次，阿難！譬如有人持一束草，言欲堰塞恒河大流，於意云何，彼人如是其事可乎？」

阿難答曰：「不也！大士！何以故？彼人所作世間本無，何論可不？」

不空見言：「如是，阿難！如來、應供、等正覺為諸聲聞於無言法更以言宣，無名相中以名相說，其事若此。復次，阿難！譬如有人本無口舌，欲以一音遍諸世界咸得聞知，於意云何，彼人所作其事可乎？」

阿難答曰：「不也！大士！何以故？彼人所作世間本無，何論可不？」

不空見言：「如是，阿難！如來、應供、等正覺為諸聲聞無言說中更以言宣，無名相法以名相說，其事亦爾。復次，阿難！譬如有人手持綵筆書畫虛空，望成文字，於意云何，彼人所作可成就乎？」

阿難答曰：「不也！大士！彼人所作世間亦無，何問成不？」

不空見言：「如是，阿難！如來、應供、等正覺為諸聲聞無言法中更以言宣，無名相法以名相說，其事若此。復次，阿難！譬如有人先無手足、呪術伎能而大唱言：『我能擔負須彌山王。』於意云何，彼人所作其可遂乎？」

阿難答曰：「不也！大士！是人所作世間既無，何問可不？」

不空見言：「如是，阿難！如來、應供、等正覺為諸聲聞無言法中更以言宣，無名相法以名相說，*其義亦爾。復次，阿難！亦如有人至大海際，或取一板，或持小筏，或欲身涉，或欲身浮，廣施方便發如是言：『我度大海，登陟彼岸。』於意云何，彼人所作為可爾乎？」

阿難答言：「不也！大士！一切世間本無斯事，何云可不？」

不空見言：「如是，阿難！如來、應供、等正覺為諸聲聞無言說中更以言宣，無名相法以名相說，其義若此。」

爾時，不空見菩薩摩訶薩為重明此義，以偈頌曰：

諸佛大慈難思議，常以悲光照一切，於無量億那由劫，正覺如是深法門。
諸法本性無生處，因緣集會往來空，無上天師雖善宣，然彼自性常寂滅。
諸佛正法難稱量，世尊慈愛故宣演，能開如是難見法，利益世間諸天人。
不可說法難值聞，十力雄猛能廣說，顯示最上清涼道，安隱世間天人眾。
世尊巧說無相法，無師自然能覺知，破壞一切諸外道，凡愚莫知此實際。
諸佛智海難測量，宣說法界亦無盡，一切聲聞同已證，開示轉變不思議。
如人把草塞恒河，尊者我謂不為難，正覺轉彼無生輪，我持此事難於彼。
若人手執五色筆，種種眾綵畫虛空，無語言中置語言，我持此事難於彼。
若人無手亦無足，求負須彌度大海，無相法中轉相輪，我謂此事難於彼。
若人無舌復無口，一言遍滿恒沙界，無證法中能令證，我謂斯事難於彼。

爾時，尊者不空見菩薩摩訶薩告阿難言：「尊者！諸佛如來、應供、等正覺甚為希有，能於無量阿僧祇劫覺了通達一切諸法究竟彼岸，號佛世尊。然諸如來、應供、等正覺隨順衆生諸根差別，樂欲所應，微妙圓音自然而出，普為宣說種種句門，所謂若諸衆生樂行布施，如來則為讚說檀波羅蜜，彼亦隨念：『世尊為我宣說施法！』有諸衆生樂修禁戒，如來則為讚說尸波羅蜜，彼復生念：『世尊為我宣說戒法！』有時衆生樂行忍辱，如來則為讚說羼提波羅蜜，彼亦生念：『世尊為我宣說忍法！』有時衆生樂行精進，如來則為讚說毘梨耶波羅蜜，彼亦生念：『世尊宣說精進！』或時衆生樂習禪定，如來則為讚說禪波羅蜜，彼亦生念：『世尊為我宣說禪法！』或時衆生樂求智慧，如來則為讚說般若波羅蜜，彼亦生念：『世尊為我宣說智慧！』

「或時衆生樂求解脫，如來則為讚說解脫，彼亦生念：『世尊為我宣說解脫！』或時衆生樂修解脫知見，如來則為讚說解脫知見，彼亦生念：『世尊為我宣說解脫知見！』或時衆生樂生天者，如來則為讚說生天，彼亦生念：『世尊為我宣說生天！』有諸衆生樂修無常，如來則為讚說無常，彼亦生念：『世尊為我宣說無常！』有諸衆生樂修苦者，如來則為讚說衆苦，彼亦生念：『世尊為我宣說苦法！』有諸眾生樂修無我，如來則為讚說無我，彼亦生念：『世尊為我宣無我法！』有諸眾生樂修空寂，如來則為讚說空法，彼亦生念：『世尊為我宣說空法！』有諸眾生樂修不淨，如來則為讚說不淨，彼亦生念：『世尊為我宣說不淨！』有諸眾生樂欲生天，如來則為說生天法，彼亦生念：『世尊為我說生天法！』尊者！乃至有諸眾生樂種種法，如來則為說種種法，彼亦生念：『世尊為我說種種法！』」

爾時，不空見菩薩欲重明此義而說偈言：

諸佛世尊具圓音，隨眾生類自然出，彼之意樂所欲聞，如來隨順說發起。
或有眾生樂布施，如來則為讚檀度。或有眾生樂持戒，如來復為讚尸羅。
或有眾生樂忍辱，如來則為讚羼提。若有眾生樂精進，如來為讚毘梨耶。
或有眾生樂三昧，如來則為讚禪定。若彼眾生樂智慧，如來則為讚般若。
若彼眾生樂解脫，如來亦為讚解脫。若彼眾生修無常，即令聞彼無常法。
彼若樂聞苦不淨，亦令聞苦不淨音。彼若樂聞空無我，不思議音讚空寂。

彼若樂聞緣覺乘，世師妙音說緣覺。彼或樂聞諸佛乘，兩足尊讚菩提道。
乃至彼樂生天宮，音中亦顯生天事。如是妙音難思議，隨諸類感便應現。
彼等既聞清淨音，其誰不趣菩提道？

爾時，不空見菩薩摩訶薩復告尊者阿難言：「阿難！諸佛世尊殊特希有，如來、應供、等正覺能有如是熾然善根。所以者何？諸佛世尊從久遠來，乃能供養無量無邊過恒沙數諸如來等，又復常行施、忍、精進諸事，所謂捐捨身命頭目髓腦，難作能作種種苦行，調伏身心，然後方證阿耨多羅三藐三菩提。證菩提已，則能具足無量辯才為他說法。

「云何辯才？謂：不思議辯才、無上辯才、無勝辯才、無取著辯才、妙解脫辯才、無障礙辯才、善和合辯才、相應辯才、熾盛辯才、無有問辯才、豫知辯才、作相辯才、無作相辯才、靜默然辯才、不怯弱辯才、除恚辯才、種種文字莊嚴辯才、種種詞句莊嚴辯才、義句莊嚴辯才、甚深句莊嚴辯才、顯現深義辯才、於深示淺易知辯才、無邊譬喻辯才、捷疾辯才、善決疑辯才、成就無際辯才、能問辯才、略問廣答辯才、利益辯才、無毀辯才、善思量辯才、無謇塞辯才、無恥辱辯才、具足成就離謗辯才、具足成就智人所讚辯才、具足無畏心辯才、具足不狹劣辯才、具足不錯文句辯才、具足不忘辯才、具足無失辯才、具足隨心說法辯才、具足知他至心為說辯才、具足開發無穢濁辯才、具足莊嚴音句能說辯才、具足能說過去辯才、具足能說未來辯才、具足能說現在辯才、具足聖者辯才、具足知無生妙知辯才、具足能令一切眾生歡喜辯才。」

爾時，不空見菩薩摩訶薩重宣此義而說偈曰：

供養最勝尊，　無數無邊量，　能證無上道，　世間大導師。
廣集諸善根，　得彼難思辯，　無謇復無礙，　無量亦無邊。
和合解脫義，　尊勝無上人，　善說斷疑網，　隨問皆能釋。
種種深密教，　及以諸譬喻，　具足莊嚴辯，　妙音難可量。
清淨咸相應，　決了法安住，　不思無能壞，　亦無懼畏心。
妙音與智俱，　不驚不毀損，　無錯莊嚴句，　安樂無忘失。

不惑於諸方，無滓致心淨，過去與當來，現在無罣礙。
凡聖平等轉，辯才非他生，近遠同時聞，佛音說時出。
海水可知量，毛滴可知數，諸佛大名稱，辯才難得邊。
虛空可盡邊，須彌易稱量，無上天人師，辯才深難測。

大方等大集經菩薩念佛三昧分卷第四

大方等大集經菩薩念佛三昧分卷第五

隋天竺三藏達磨笈多譯

歎佛妙音勝辯品之餘

爾時，不空見菩薩摩訶薩復告尊者阿難言：「阿難！諸佛世尊是大梵聲、是大師子聲、是大雄朗聲、是大龍王聲、是大妙鼓聲、是大妙歌聲、是妙好聲、是大風聲、是大雲聲、是大雷聲等。阿難！諸佛世尊是大善聲、不思議聲、是無量聲、是無邊聲、是不可稱聲、是滿足聲、是無礙聲、是迦陵頻伽聲。阿難！諸佛如來是圓滿聲、諸如來是可證聲、諸如來是可知聲、諸如來是深遠智聲、諸如來是不可壞清聲、諸如來是無垢聲、諸如來是無譏訶聲、諸如來是無斷破聲、諸如來是妙好聲、諸如來是最上妙好聲、諸如來是無缺聲、諸如來是不怯弱聲、諸如來是具足一切功德聲。

「阿難！諸佛如來、應供、等正覺出音聲時，若欲一音遍滿一佛世界，即能遍滿。若欲遍滿二佛世界，若三、若四、若五、若十乃至百千世界，乃至億那由他，乃至無量無邊阿僧祇不可數知世界，如來世尊還出如是無量無邊阿僧祇不可數不可知殊異聲音，皆悉充滿彼諸世界，令彼衆生諸有得聞如來聲音，咸作是念：『今者世尊獨為我轉如斯法輪。』阿難！諸佛世尊有如是等不思議聲。阿難！諸佛世尊有如是聲、如是利益。

「尊者阿難！譬如日輪為閻浮提諸衆生輩有眼目者作大利益，云何利益？所謂光明照了一切。如是，阿難！諸如來、應供、等正覺清淨聲輪，凡所至處，能為一切信根衆生隨宜宣說，作大利益，其義亦爾。復次，阿難！譬如秋月十五日夜，彼月光輪清淨圓滿，閻浮提人見者歡喜。如是，阿難！諸如來、應供、等正覺圓滿聲輪，能為一切法音光明，聞者歡喜，得大利益，其義亦爾。復次，阿難！譬如大海水平等一味，常住澹然，難入難度，其間多有諸異珍寶，而能為彼一切衆生若人、非人作大饒益。如是，阿難！諸如來、應供、等正覺圓音平等，一味湛然，難入難測，微妙而能安樂一切衆生，其義亦爾。

「復次，阿難！譬如大地任持一切山林河海、王都大城、民人聚落，復能生長諸種苗稼根莖華果，饒益安樂一切衆生。如是，阿難！諸如來、應供、等正覺普載聲輪，任持一切令無壞損；復能生長衆生善根功德華果，饒益世間，其義亦爾。復次，阿難！譬如虛空容受一切，能令衆生種種興作，往來遊處為大利益。如是，阿難！諸如來、應供、等正覺廣大聲輪，遍滿一切，能令衆生多有所作，受用去來無不利益，其義亦爾。復次，阿難！譬如三十三天波利質多羅樹，其華敷時，能令三十三天皆生歡喜，多受適樂。如是，阿難！諸如來、應供、等正覺開發聲輪，能為一切啟甘露門，令諸衆生等證常樂，其義亦爾。」

爾時，不空見菩薩摩訶薩為重明此義，以偈頌曰：

世尊真善大梵音，師子妙音牛王吼，最上龍吼滿世界，器度雄朗丈夫聲。

雲雷風等弘壯聲，彼不思議悉無量，轉行十方無邊界，所至無礙皆悉聞。
如來出聲甚圓備，世間未能障其聲，亦如迦陵頻伽音，所聞清婉甚微妙。
聖不望報生物喜，教令證此最勝聲，解脫深句無有比，世間無有能毀壞。
不破不缺微妙聲，相續不斷和合出，救護世間無窮已，具足一切功德音。
調伏丈夫如意聲，其聲遍聞於三界，彼諸衆生斯念喜，各言為我宣妙聲。
若欲聲滿一世界，若二三四及與五，若十二十至五十，百千億數復過前，
若復過彼恒沙土，皆能充滿一切剎，令彼衆生無異心，咸作是念但為我。
譬如日輪出現時，能為閻浮作明導，如是世尊天人師，法聲光明照世間。
猶如秋月處衆星，其輪圓滿異明淨，彼為閻浮興大利，衆生覩見皆歡喜。
世尊如是滿月聲，不思議淨勝世間，其有聞者心無厭，為諸衆生作饒益。
猶如大海水湛然，深廣無邊難得底，其間常出衆異寶，為諸世間作利益。
如是諸佛大名稱，其聲深遠亦難窮，恒教證彼清淨音，與不可壞一切樂。
若此三千諸大地，能持異類諸衆生，如是諸佛普載聲，生成一切衆饒益。

譬如虛空能容受，飛鳥群生皆獲益，如是足尊廣納音，恒以勝善利衆生。
猶如忉利質多羅，華時已樂彼諸天，如是諸佛甘露音，能為衆生畢竟利。
尊者設我滿一劫，或復百劫讚其聲，生生弗能得其邊，佛不思議聲若是。
假使十方諸衆生，各各恣口長歌歎，終亦莫能致少分，佛音如是難思議。
假彼行住諸衆生，或於一時皆成佛，彼諸佛說亦無盡，佛聲如是難思議。
世尊如是衆妙音，莊嚴具足無倫匹，若人但能生喜心，彼等終無惡道畏。
佛音如是難思議，第一微妙無可比，若有菩薩得斯喜，不久則成佛法王。

爾時，四天王、天主帝釋、須夜摩天王、兜率陀天王、化樂天王、他化自在天王、魔王之息導師太子、娑婆世界主大梵天王，乃至淨居天王及餘一切大威德諸天，與欲、色界中復有無量諸天子等，聞不空見菩薩摩訶薩稱讚世尊音聲功德已，一切皆於不空見所起尊重心，歡喜踊躍，不能自持，咸以天妙旃檀末香、天華及鬘天妙衣服、寶蓋、幡幢、雜色彫綵，施散懸置於不空見菩薩摩訶薩上。時會衆中有六萬億那由他百千欲、色界天，聞說如來音聲功德，為當得故，發阿耨多羅三藐三菩提心種諸善根。復有五千比丘被精進鎧，於阿耨多羅三藐三菩提種諸善根。復有七百千萬諸比丘尼發阿耨多羅三藐三菩提心及弘誓願。復有百千優婆塞，皆各從彼寶蓮華座起，直詣不空見菩薩摩訶薩所。復有二億那由他百千女人，各解自身衆寶瓔珞散擲虛空，住於不空見菩薩摩訶薩上，皆於阿耨多羅三藐三菩提種諸善根。

菩薩念佛三昧分讚如來功德品第六

爾時，不空見菩薩摩訶薩復告尊者阿難言：「阿難！諸佛世尊甚為希有！諸如來功德具足故，自天降下具足故，入胎具足故，住胎具足故，出胎具足故，母生具足故，善根具足故，衆相具足故，衆好具足故，莊嚴具足故，出家具足故，入定具足故，大*人定具足故，深心具足故，至心具足故，真信具足故，無畏具足故，戒身具足故，定身具足故，慧身具足故，解脫身具足故，解脫知見身具足故，諸通具足故，證智具足故，至一切證知第一彼岸故，至慈大慈第一彼岸故，至悲大悲第一彼岸故，至喜大喜第一彼岸故，至捨大捨第一彼岸故，至最勝無等第一彼岸故，至諸威儀第一彼岸故，至諸神通第一彼岸故，至一切諸法無礙第一彼岸故，至是處非處力第一彼岸故，至諸開道利益第一彼岸故，至奢摩他、毘婆舍那第一彼岸故，至一切禪定、解脫、三摩跋提第一彼岸故，至無貪、無瞋、無癡、無慢、無放逸、無嫉妬、無恚、捨離諸過、解脫五道至四無畏第一彼岸故，令一切眾生種諸善根受業果報、教論發起第一彼岸故，令一切眾生諸戒行聚不破、不缺、不濁、不雜，成丈夫志，無所觸犯智者所讚，無有過愆，一切世間若天、若人、若梵、若魔、沙門、婆羅門，乃至無能如法訶責非理毀者。

「阿難！諸佛世尊功德殊勝，一切世間眾生類中，乃至無有能得測量宣說如來戒等功德知其少分，何處有人復能過者！

「阿難！汝等從今當如斯觀：此虛空界如是廣大，此四方界如是弘寬，我皆了知限量邊際，諸佛功德不可測量。如是，阿難！諸佛世尊所有戒聚、所有定聚、所有慧聚及解脫聚、解脫知見聚，乃至一切威儀神通利益無礙不可宣說、不可顯示、不可得知、不可得入。所以者何？阿難！諸佛世尊所有功德皆無有邊。何以故？諸佛世尊有無量戒行，有無量定行，有無量慧行，有無量解脫行，有無量解脫知見，乃至有無量無量諸功德悉等。是故，阿難！當知諸佛世尊具足若此。」

爾時，不空見菩薩摩訶薩為重明此義，以偈頌曰：

世尊天降入胎時，住不思議出亦爾，生家最勝母無比，最上第一諸功德。
體備衆相三十二，諸好具足莊嚴身，諸佛所作不思議，皆緣曠劫久修集。
人中勝上求出家，成就禪定大三昧，正心淳信斯堅固，一切方便無不知。
戒行三昧皆具足，智慧成滿無倫比，解脫知見亦已獲，神通威德彼岸邊。
能滅熾苦救衆生，慈悲要行最為首，喜捨亦妙行平等，諸佛世尊自證知。
身口常與意行合，所行隨智難思量，威儀無比超世間，法王神力到彼岸。
無諍三昧見法如，是處非處皆明了，禪定解脫難測度，普能饒益諸衆生。
定慧止觀斯成就，光明遍覺滅垢心，無有貪恚衆過愆，解脫無畏皆善學。
戒行無破亦無羸，無濁無雜盡清淨，多衆生觸不瞋惱，不求果報智所稱。

內無過失外無毀，假彼天人及梵魔，或復沙門婆羅門，莫能譏訶常清淨。
虛空猶可盡其界，諸方亦可極其邊，無上調御天人師，清淨戒行孰能測！
大海可以口飲乾，無邊水聚亦復爾，諸佛光明不可識，清淨戒行誰得邊！
須彌可以口吹散，大小鐵圍亦復然，諸佛妙行不可知，清淨戒行難得底！

爾時，不空見菩薩摩訶薩作是思惟：「今者如來、應供、等正覺若降威神俯臨斯會，可謂善哉！今我亦當為諸菩薩摩訶薩故，請問世尊一切菩薩念佛三昧微妙法門。如來先已顯示其名，今者當應為諸弟子演說斯法，宣明義理，世尊寧當過安禪寂乎？」

爾時，世尊知彼不空見菩薩摩訶薩如是念已，佛神力故，應時此會三千大千世界大地六種震動，所謂動、涌、起、震、吼、覺等，如是具足十八相動乃至湧沒。如是動已，時佛世尊復以神力放大光明，照此三千大千世界。彼光出時，能令一切星宿天宮、月天子宮、日天子宮乃至欲界諸天宮殿，所有光明喪滅不現；復有如是無量無邊不可思議阿僧祇恒河沙數諸梵天宮，所有威光悉皆暗晦，乃至色界一切天宮，蒙佛光故，亦皆不現。諸光沒已，唯佛世尊神光獨盛。

爾時，世尊大慈熏心，為欲饒益諸眾生故，從禪定起，安詳徐步，詣彼大眾，周旋觀察是不空見菩薩摩訶薩等已。於是一切世間諸天及人，若梵、若魔、沙門、婆羅門、諸龍、夜叉、阿修羅輩遇佛光明，咸各自彼蓮華座起，前詣佛所，曲躬合掌，禮敬世尊，各還退坐。

爾時，不空見菩薩摩訶薩遙見世尊身相分明，端嚴殊特，諸根寂靜如調象王，心意朗然若澄淨水，一切種具足，一切智圓滿；自彼而來，深生喜已。於是不空見菩薩即告尊者阿難言：「阿難！汝觀世尊從禪定起，如來世尊從靜室來，必當開演第一誠諦終無虛妄。如來世尊是妙語者，是真語者，是實語者，是如語者，是不異語者，是善語者，心善思惟，常行善事，身業無失、口業無失、意業無失，一切功德斯皆具足。

「所謂具足最上第一戒聚故，具足最上第一定聚故，具足最上第一實慧聚故，具足最上第一解脫聚故，具足最上第一解脫知見聚故，具足最上第一威儀故，具足最上第一神通故，具足最上第一利益故，具足最上第一不思議辯才故，具足最上第一成就故，具足最上第一微妙故，具足最上第一天退故，具足最上第一入胎故，具足最上第一住胎故，具足最上第一生家故，具足最上第一圓滿功德故，具足最上第一不思議諸相故，具足最上第一不思議諸好故，具足最上第一過去業故，具足最上第一善根故，具足最上第一具足發心故，具足信心故，具足破煩惱故，具足大破煩惱故，具足捨家故，具足知五種故。

「所謂具足第一戒身故，具足第一定身故，具足第一慧身故，具足第一解脫身故，具足第一解脫知見身故，已到第一神通彼岸故，已到第一無餘智證彼岸故，已到第一分別法彼岸故，已到第一分別義彼岸故，已到第一分別辦才彼岸故，已到第一寂靜定彼岸故，已到第一明達彼岸故，已到第一根、力、覺、道彼岸故，已到第一慈及大慈彼岸故，已到第一悲及大悲彼岸故，已到第一喜及大喜彼岸故，已到第一捨及大捨彼岸故，已到第一不思議威儀彼岸故，已到第一慚愧彼岸故，已到第一於一切法自在彼岸故，已到第一過去智知見無礙彼岸故，已到第一未來智知見無礙彼岸故，已到第一現在智知見無礙彼岸故，已到第一身業隨智慧行彼岸故，已到第一口業隨智慧行彼岸故，已到第一意業隨智慧行彼岸故。

「阿難！如來、應、等正覺於一念中，能具足知一切眾生心心所行若善、若惡、若淨、若垢等。」

爾時，不空見菩薩摩訶薩復告尊者阿難言：「尊者阿難！諸佛世尊如大海，淨戒聚不可得底故。尊者阿難！諸佛世尊如須彌山，三昧聚不可動搖故。尊者阿難！諸佛世尊如虛空，智慧聚無有邊故。尊者阿難！諸佛世尊如虛空，攝一切眾生無障礙故。尊者阿難！諸佛世尊如日輪，為諸世間作法光明故。尊者阿難！諸佛世尊如大火聚，焚燒一切眾生諸煩惱薪故。尊者阿難！諸佛世尊如河、如陂、如池、如泉，洗盪眾生生老病死垢故。尊者阿難！諸佛世尊如良醫，能愈一切眾生諸疫病苦故。

「尊者阿難！諸佛世尊如大雲雨，能以法水潤澤眾生枯槁故。尊者阿難！諸佛世尊如師子王，能破一切眾生大我慢故。尊者阿難！諸佛世尊如大船，能度眾生生死河故。尊者阿難！諸佛世尊如那羅延，能伏一切世間大力故。尊者阿難！諸佛世尊如優曇華，一切世間難得見故。尊者阿難！諸佛世尊如波利質多樹華，三十二大人相可愛樂故。尊者阿難！諸佛世尊如父母，能與一切眾生安樂利益故。尊者阿難！諸佛世尊作利益作安樂，能今一切眾生得住故。

「尊者阿難！若人說言如來出世有無量辯才，如是說者，是則名為善說如來；如來出世有不思議辯才，是名善說。尊者阿難！乃至如是略說，如來出世有無邊辯才，如來出世有無礙辯才，如來出世有無取者辯才，如來出世有勝解脫辯才，如來出世有隨順義辯才、相應義辯才、微妙淨辯才、巧問辯才、不問辯才、上辯才、無上辯才、慈辯才、大慈辯才、悲辯才、大悲辯才、喜辯才、大喜辯才、捨辯才、大捨辯才、佛出世利益辯才。

「尊者阿難！若人說言如來出世具足利益一切眾生，是則名為善說如來。尊者阿難！若人正言同義辯才利益眾生，是則如來出於世間。又說若言彼利益辯才為一切眾生得利益故，當正言音悉令具足，是則如來出於世間，斯人亦名善說如來。

「尊者阿難！若人說言彼無歸眾生、無依眾生、無救眾生、無護眾生、無憐愍眾生，如來出世為歸、為依、為救、為護、為憐愍者，是則名為善說如來。

「尊者阿難！假使我今若經一劫，若減一劫，長時歌讚諸佛世尊辯才功德，終不得一；又復經於無量劫數，具足演說如來、應供、等正覺辯才功德，終亦不得其少分邊。

「尊者阿難！譬如有人老病羸瘠，至大眾中發如是言：『諸人！當知我雖年邁，為病所摧，而猶能以一毛端勺滴取大海，令即乾枯。』是人素無神通呪術，而能如是果決壯言。尊者！於意云何，彼人言義可取信不？」

阿難答曰：「不也！大士！」

不空見復言：「尊者！彼人之言，一切世間諸天及人，頗曾驚歎：『此事希有，如是困人能以毛端盡大海水！』如斯念不？」

阿難答曰：「不也！大士！」

「如是，尊者！此事本無，依何取信！我今讚說諸佛世尊辯才功德不得少邊，其事若此。尊者阿難！且置斯事，假使佛今還自讚說毛分功德，過億百千那由他劫亦不能盡，而況餘人！尊者阿難！且置斯事，我今更說，假使大地所有一切衆生，若干種類，有足、無足、二足、四足乃至多足，有色、無色、有想、無想、非有想、非無想，如此世界及以十方無量無邊諸世界中所有衆生，設使盡皆一時成佛，彼諸世尊經無量劫，皆還歎佛一毛功德，終亦不盡。尊者阿難！當知一切諸佛世尊乃有如是不可思議具足功德。」

爾時，不空見菩薩摩訶薩為重明此義，以偈頌曰：

尊者當觀法王來，一切世間應供養，功德威光殊顯赫，一切智滿難可傾。
最上妙言佛真說，實語及如無異言，善說聖法真實知，身口難過意亦爾。
心無異念絕分別，戒行最勝三昧深，智慧解脫悉超倫，解脫知見無可比。
威儀具足不思議，無上神通如實智，利益世間無有量，辯才妙行亦無類。
降天下生象牛王，入胎成就世中勝，住胎殊異無有等，家生具足母尊高。

成就衆根最第一，勝相圓滿不思議，妙好咸備極莊嚴，一切分明世瞻仰。
具足真心信清淨，禪定除垢有大威，放捨世欲樂出家，菩提成就得五種。
已度神通第一岸，智慧無礙亦無邊，及奢摩他毘舍那，法王通達斯自在。
大海之水廣且深，其或可以毛端測，調御丈夫清淨戒，雖經曠劫不能知。
須彌雖固猶可動，以手投擲至梵宮，諸佛初住定禪時，已自無能動亂者。
虛空容有得其邊，四方亦可知其限，終無能見正覺境，思惟分別此彼處。
尊者大地實弘廣，然可以指遍度量，捨離煩惱人中尊，彼心意識不可盡。
如日輪光破衆闇，觀諸善惡若見色，如是自在世間師，能破巨黑無明雲。
猶如秋月出重雲，衆生見者皆歡喜，法王智光如滿月，如覩妙色無不樂。
冥寂長夜如明燈，為諸眼目作先導，世間智者能除暗，恒以法光照衆生。
能設法炬自在尊，天人大師為他作，一切諸有皆滅盡，是故稱佛光明王。
聖智如河及泉水，能盪生老病死塵，如大醫王施良藥，調御能除衆疾苦。
猶如龍王降大雨，能滿一切諸大地，諸佛如是行慈悲，充足一切樂法者。

大師子王震吼時，降伏世間諸惡獸，世尊如斯決定說，破除外道我慢心。
如大舟船常往返，濟度一切諸去來，諸佛如是遍周旋，拔彼常沒四流者。
優曇鉢華世希有，此閻浮提最難見，天人世尊難中難，一切世間歸依處。
如波利樹華現時，三十三天甚愛樂，大人相好出興世，衆生覩見悉歡喜。
世尊神變難窮盡，如我今者謂宣說，我以歎佛諸功德，畢竟利益諸群生。

大方等大集經菩薩念佛三昧分卷第五

大方等大集經菩薩念佛三昧分卷第六

隋天竺三藏達磨笈多譯

佛作神通品第七

爾時，世尊自袈裟內出金色手，摩彼不空見菩薩摩訶薩頂，復出廣長舌相，即告不空見菩薩言：「善哉！善哉！汝不空見！汝今乃能為諸眾生如是歎說如來、應供、等正覺真實功德也。不空見！若有說言世間眾生無救護時，是中必有能救護者出現世間，為作救護。不空見！當知即是善說如來也。

「復次，不空見！若復說言世間眾生無歸趣時，是時必有不思議辯才、無量辯才出現於世，能與眾生作大歸依。不空見！當知即是善說如來也。

「復次，不空見！若復說言世間眾生多貪欲行、多瞋恚行、多愚癡行，是時必有無欲、恚、癡大師出世，為除三毒。不空見！當知即是善說如來也。

「復次，不空見！若復說言世間眾生多慳悋時、多嫉妬時，是時必有遠離慳嫉、好行布施大師出興，為破慳嫉。不空見！當知即是善說如來也。

「復次，不空見！若復說言世間眾生無有慚愧羞恥之行，是時必有慚愧羞恥大師出世，除無慚恥。不空見！當知即是善說如來也。

「復次，不空見！若復說言世間眾生多行憍慢、貢高之事，是時必有和敬調柔大師出世，為除憍慢。不空見！當知即是善說如來也。

「復次，不空見！若復說言世間眾生無有慈悲，不能喜捨，多行瞋恚穢濁毒心，是時必有斷除瞋毒、具足四等導師出世，教修慈悲大利益事。不空見！當知即是善說如來也。

「復次，不空見！若復說言世若多惡無善眾生，其有能教令生善根，先有善根令其增廣，如是利益大師出興。不空見！當知則是善說如來也。

「復次，不空見！若復說言五濁惡世眾生病增，世有大人能行利益，導以出法，安樂眾生。不空見！當知是言則謂我也。所以者何？吾今出於五濁惡世，宣揚妙法，斷除邪垢，能多利益諸眾生故。」

爾時，世尊手摩不空見菩薩頂時，即以神力，於一念間令此大眾咸見東方無量無邊不可說阿僧祇現在一切諸佛國土，彼國土中諸佛世尊未滅度者及彼眾生一切境界皆悉現前。亦聞彼佛說法音聲，亦見彼剎清淨莊嚴種種具足，如是乃至南西北方、四維上下十方所有諸佛淨土，一切境界明了現前，若觀掌中菴摩勒果。

又復，世尊以手摩彼不空見菩薩摩訶薩頂時，以佛神力及不空見本願因緣，於一念間，即見十方無量無邊阿僧祇不可數過去諸佛入涅槃者，乃至彼剎清淨莊嚴，了了分明若觀手掌，又蒙佛力亦見當來諸佛世尊清淨剎土，莊嚴具足。

爾時，不空見菩薩摩訶薩以本願力，承佛威神，盡見十方三世諸佛及彼佛剎清淨莊嚴已，為重宣此義，即從坐起，正持威儀，偏袒右肩，右膝著地，合掌向佛，以偈頌曰：

三千世界所有水，若人欲量皆可知，調御丈夫天人師，戒行深遠孰能測！
須彌高廣最巍巍，羸老病人口吹散，世尊初入於禪定，億百千劫難可了！
虛空足量能盡邊，四方亦可步其際，世尊大師等正覺，智慧甚深無源底！
虛空平等無罣礙，可為暴風所飄動，如來本性無煩惱，貪恚癡毒何所居！
日輪圓滿處空中，清淨光明遍世界，如是阿羅仙種姓，於此天眾而曜暉。
又如秋月合昴宿，威光超世挺眾星，如是滿月大法王，炎赫獨出天人上。
若優曇華甚希有，時乃一遇不世出，諸天中天調御師，有時而現隨意感。
世尊妙手摩我頂，金色百福相莊嚴，不可毀壞悉具足，其為利益斯若是。
世尊真言及實語，人中法王轉正輪，普遍十方世界中，甚為利益悉自在。
蒙世尊手摩頂時，我見十方最上人，如恒河中說沙數，大威德仙眾多彼。
大牟尼尊手加我，即見諸佛如彌陀，猶恒河中算沙數，人中最勝眾多彼。
如來慈手親摩覺，安樂世界我見知，阿閦應供兩足尊，大悲光明作饒益。
我蒙世尊神手觸，盡見世間滅度尊，於一念頃如恒沙，大慈降伏諸根者。

世尊以手摩我時，亦覩彌勒昔諸願，如彼當來一切事，了了明白無復疑。
過去諸佛我已見，未來現在亦復然，十方三世諸如來，神通德力難稱說。
世尊以手摩我時，普見十方救世者，并覩諸佛清淨剎，我因更發最上願。
諸佛神通難思議，戒定智慧亦如是，諸餘功德不可說，唯願如今常教示。
如來下手摩我時，即見十方諸塔廟，眾寶金色如恒沙，具足種種微妙供。
諸佛皆具大名稱，彼彼相好充十方，百千樂音以供養，我見彼剎悉如是。
彼剎復有諸佛塔，金縷間錯寶頗梨，高大過於一由旬，端正莊嚴皆若此。
復見大尊諸塔廟，眾寶雜廁甚精華，亦有住於虛空中，常以天華散其上。
我復見彼諸勝塔，涌出高滿十二旬，彼諸佛所名燈然，光明遍照十方剎。
世尊以手摩頂時，我見妙塔不可說，彼佛各有大名稱，其間皆悉如來力。
世尊手摩我頂時，於是得見諸佛剎，彼或燒身或受辱，種種行類不可宣。
各於自剎修苦行，無有晝夜如救然，勇猛弘誓度眾生，皆為無上菩提故。
我又覩見十方剎，有諸菩薩常辛勤，自剜身肉然多燈，彼為菩提光明故。

我又復見清淨身，於諸佛前常立住，至彼世尊涅槃已，為求菩提大德故。
我又復見為法人，香油灌身然燈炬，苦身精意遍十方，終不繫心財食類。
我又更見諸丈夫，恒捨頭目及身手，妻子王位與國城，志令群生獲安樂。
如我所見無遺餘，不可口言而宣說，我所知見最勝等，蒙佛威靈故遍觀。
世尊威神加持故，令我見斯希有事，吉祥第一天中天，我今歸依最無上。

菩薩念佛三昧分見無邊佛廣請問品第八

爾時，不空見菩薩摩訶薩白佛言：「世尊！今此一切天人大衆，既見世尊久處禪定，默無言說，咸生渴仰，唯願世尊俯就斯座。」爾時，世尊聞不空見菩薩摩訶薩為彼天人大衆請已，端身正念，默然許之。

爾時，不空見菩薩既蒙默許，偏袒右臂，右膝著地，合掌向佛，復白佛言：「世尊！我今欲問，若聖聽者乃敢發言。」

佛告不空見：「如來、應供、等正覺隨汝所問，當為汝說，斷汝所疑，令爾心喜；然是天、人、梵、魔、沙門、婆羅門等皆當證知。」

時不空見菩薩摩訶薩承佛教已，即便白言：「世尊！菩薩摩訶薩應當思惟何等三昧？應當親近何等三昧？應當修行何等三昧？如是菩薩思惟親近，及以修行此三昧已，現見何法而得安樂？

「云何當得如大海，多聞受故？云何當得如須彌山，菩提心安住不傾故？云何當得如大鐵圍山，一切外道邪論不能動故？云何當得如虛空，一切法無礙故？云何當得如虛空，心無染著故？云何當得如日輪，破除一切無明闇故？云何當得如月輪，白淨法圓滿故？云何當得如燈輪，作法光明故？云何當得如大炬，一切受陰滅故？云何當得如火聚，焚燒一切諸煩惱故？云何當得如河池泉源，一切衆生隨意受用故？云何當得如大船，一切衆生度彼岸故？云何當得如橋梁，不沒生死煩惱中故？

「云何當得降伏衆敵，破壞魔軍諸憍慢故？云何當得如波利質多羅樹，為一切諸方所有衆生開七菩提華香風普熏故？云何當得如優曇鉢華，希有難得故？云何當得如藥王，等療一切衆生病苦故？云何當得如大醫王，起大悲心愍痛衆生故？云何當得如栴檀樹，除衆熱惱作清涼故？云何當得如大雲雨，等注法雨令滿足故？云何當得如蜜器，能具足說一味法故？云何當得如師子吼，能與一切衆生無怖畏故？云何當得如父母，等與一切衆生安樂利益故？

「云何當得見真法，至如、法性、實際彼岸故？云何當得解釋深趣，至實義彼岸故？云何當得巧說法辯，至能分別彼岸故？云何當得善巧說法，至具足方便彼岸故？云何當得分別了義，善知字句法故？云何當得正意正行，具知足故？云何當得統御大衆，無所畏故？云何當得說如實義，入實際故？云何當得如大海，一切法同一味故？云何當得如大山，三昧安靜無能動搖故？云何當得如門閫（亦云帝釋幢也），菩提心不可動轉故？云何當得堅固力，心志具故？

「云何當得具足威儀，不作虛諂故？云何當得端正身，為他歡喜說法故？云何當得最妙，最上色相故？云何當得尊貴，大姓家生故？云何當得大法王，福報功德故？

「云何當得具足無量辯才故？云何當得不取著辯才故？云何當得不錯辯才故？云何當得分別種種名字句辯才故？云何當得不思議辯才故？云何當得無邊辯才故？云何當得解脫辯才故？云何當得同義（亦云成就也）辯才故？云何當得隨他意義辯才故？云何當得漸親近辯才故？云何當得所問能答辯才故？云何當得無問自說辯才故？云何當得不毀壞辯才故？云何當得無退轉辯才故？云何當得甚深句字種種說辯才故？云何當得無量無邊譬況辯才故？

「云何當得未證大菩提，已能具足梵音聲故？云何當得第一微妙音聲故？云何當得迦陵頻伽音聲故？云何當得師子王音聲故？云何當得大龍王音聲故？云何當得大牛王音聲故？云何當得大鍾鼓音聲故？云何當得勝妙歌讚音聲故？云何當得樂絃音聲故？云何當得哀婉清美音聲故？云何當得風雲雷震音聲故？云何當得甚深莊嚴辯才音聲故？

「云何當得諸妙語言文字章句，真正莊嚴辯才音聲故？云何當得甚深能大巧說音聲故？云何當得種種譬喻辯才音聲故？云何當得一切世間最勝供養音聲故？

云何當得共他論義辯才音聲故？云何當得神通彼岸音聲故？云何當得不忘失法音聲故？云何當得不缺少善法音聲故？云何當得諸善根行具足他讚音聲故？如是一切悉皆具足。」

爾時，不空見菩薩摩訶薩發如是等諸疑問已，為重宣此義，以偈問曰：

具足金色百福相，能覺一法利無邊，最勝功德我今問，何等三昧先應思？
如來妙智無等倫，世間寧有加上者，我今請尊修何定，所獲功德不思議？
天人大師上調御，思惟是定何功德？菩薩於此云何修，而能安樂於一切？
云何自然多聞海？云何守護決定心，得住諸佛功德處？云何如大鐵圍山，
是中都無恚恨心，而能降伏諸外道？云何無礙如虛空？云何復得心自在？
云何如日復如月？云何同炬亦如燈？云何為衆作光明？云何復須觀三昧？
云何解脫諸煩惱？云何能度生死岸？云何發心苦輪中，獨超三界無與等？
云何波利質多樹，大人相好妙莊嚴？云何如彼優曇華，勇健雄猛不出世？
云何施藥不望報，良醫救苦調御師，能除衆生諸熱病，安住淨戒得清涼？

云何當得如法寶，無量功德度彼岸？云何甚深微妙法，猶蜜甜味妙無加？
云何得此師子音，能令衆生無怖畏？云何等益如父母，得彼深樂不思議？
云何能得妙辯才，行於菩提大名稱？云何說彼最勝道？云何而得無礙智？
云何於義能巧便？云何妙知諸法相？云何分別名句身？云何世法及出世？
云何正念與正行？云何知足具思惟？云何多聞如大海？云何歎佛真實德？
云何說彼諸衆生，生死根本如實際？云何諸法無差別，猶如大海同一鹹？
云何如山定無動，不退轉心如門閫？云何一心無餘業，但求無上大菩提？
云何具足諸威儀，身相端嚴見者喜？云何常生大姓家，亦受法王大福聚？
云何得彼無量辯，所有言論世莫思？云何字句義深微，我今請問護世者？
云何無上難得勝，親近真辯無遺忘？云何同義稱根性，若問不問斯相應？
云何未證具梵音，其聲清婉甚微妙，迦陵頻伽聲可愛，大智雄猛聲遠聞？
云何師子大龍音，更得深重牛王吼？云何世尊得絃樂，具足種種諸器聲？
云何獲彼甜味音，而常演說衆欣樂？云何功德音無毀，其出如風若震雷？

云何多種譬喻音，能宣甚深諸言說？云何所出善語言，云何諸法不忘失？
云何有中獲宿命，彼諸神通云何修？云何修行無疲倦，遍知一切諸善法？
如是諸法不思議，自然輪轉遍十方，世尊我皆無復疑，是故今問歸依處。

爾時，不空見菩薩摩訶薩慇懃鄭重如是問已，即以神力身昇虛空，於虛空中自然化作天寶華蓋，莊嚴微妙七寶所成，謂金銀、琉璃、頗梨、馬瑙、車璩、真珠，具如是等種種寶飾。彼寶蓋中雨種種華，而彼衆華右遶三匝，住佛頂上，即彼華中，以偈歎曰：

歸命丈夫大調御，無上正覺兩足尊，一切世間天人輩，寧有可以比類者！
長夜黑暗諸衆生，愚癡顛倒墮邪道，極尊明智世間限，能令還復平正路。
失於清白法種子，衆生煩惱內燒心，勝尊猶如世父母，能令安止白法處。
遺喪善法深利人，後世方將可怖畏，最尊成就大慈行，為諸衆生真導師。
一切衆生無善利，無有覆護無救者，希有大悲教世師，世尊真為作救護。

爾時，華中說是偈已，彼華方至如來足上，須臾即飛遍往三千大千世界，遍諸佛前，施散供養。彼寶蓋中復出栴檀末團大如車輪，至如來身忽然不現，而彼栴檀香氣微妙，充滿三千大千世界，所有衆生得聞此香，皆悉受於上妙快樂，猶如菩薩入第四禪。

爾時，不空見菩薩摩訶薩示現如是神通事已，即白佛言：「世尊！是諸菩薩摩訶薩等，云何當得如斯智慧？所謂：大智慧、速疾智慧、機捷智慧、猛利智慧、無相智慧、巧入智慧、甚深智慧、廣普智慧、無畏智慧、圓滿智慧。云何復得不可算數、不可稱量諸妙善根？所謂：心如金剛，善根穿徹一切法故；心如迦隣提衣，柔軟善根能作業故；心如大海，善根攝諸戒聚故；心如平石，善根住持一切事業故；心如山王，善根發生一切善法故；心如大地，善根負持衆生事業故；得心不隨他行，善根遠離非法教誨故；得心善修行，善根一切法安住故；得不壞信善根，於諸如來所行之處不疑惑故；住一世界，自然遍見十方諸佛，亦聞彼佛宣說妙法，復見菩薩聲聞大衆，又覩佛剎清淨莊嚴受用等事，悉無疑故；乃至攝受決定善根，於一切時自利利他故。

「世尊！如我今者實為自利，復欲利益諸眾生故，請問如來也。世尊！我今復為弘廣眾生淨信心故，請問如來也。世尊！我今復為彼諸菩薩摩訶薩輩，具足圓滿，不思議善根故，請問如來也。世尊！我復為斯被大精進弘誓鎧甲諸大菩薩摩訶薩故，請問如來也。

「世尊！有諸菩薩摩訶薩輩，於生死中發大精進，為一切眾生而亦不取眾生之相；然是菩薩摩訶薩雖於生死煩惱中，長夜度脫一切眾生，而實不住生死煩惱想。世尊！我為如是諸眾生故，請問如來也。世尊！有諸菩薩摩訶薩等行慈悲時，於諸眾生都無瞋恨，設諸眾生訶責、罵辱、楚撻、撾打，種種苦迫，如是菩薩於眾生所終無報答，乃至不起嫌心、不失本願、無異分別及餘思惟，一心修行大慈大悲。世尊！我為如是住於大乘諸菩薩故，請問如來也。

「世尊！有諸菩薩摩訶薩輩為眾生故，欲捨己樂及諸樂具，欲受一切熾然大苦，發如斯念：『我當云何令一切眾生得最勝樂，令一切眾生得大法明？』世尊！彼諸菩薩如是念時，凡所有物若內、若外，無不施者，無不益者，無不饒者。

世尊！我為如斯諸菩薩故，請問如來也。世尊！有諸菩薩摩訶薩輩，被著如是精進鎧時，發如斯念：『我今當應為一一衆生，於恒河沙劫住大地獄受諸苦惱，猶入出息不以為苦，亦不退沒菩提之心。』世尊！我復為是諸菩薩故，請問如來也。

「世尊！有諸菩薩摩訶薩輩，被著如是精進鎧已，發如斯念：『我今當為一切衆生執諸事業、廝役服勤，種種承事不以為苦，於是或為奴婢、或為僕隸、或為儐從、或為弟子，我應如是乃至為作種種眷屬，成熟衆生。』世尊！我復為是諸菩薩故，請問如來也。

世尊！有諸菩薩摩訶薩輩，為一切衆生故，發大勇猛，修諸苦行，捨身手足、頭目髓腦，或時節節支解其形，析骨消髓不以為苦，無有休懈，方更熾然於阿耨多羅三藐三菩提事。世尊！我為如斯諸菩薩故，請世尊耳。」

爾時，不空見菩薩摩訶薩如是問已，為重宣此義，以偈頌曰：

我問天師諸勝智，大智彼等云何成？云何速智及捷疾，利智聰明能通達？

何因得彼甚深智？盡無邊智為我宣，弘廣普遍一切智，是為最勝求菩提。

云何當得無怖畏？具足善巧為我說。云何而得金剛心，一切法中無疑惑？
云何得是柔軟心，戒行清明淨如海？云何如山不動轉，菩提決定願莊嚴？
云何行行不隨他，於義明了得安住？云何而得不壞信，諸佛所作無復疑？
云何得彼生念智，住於一界現十方，遍覲諸佛及聞法，并大集眾亦明了？
其身不離於一剎，而能供養十方尊，妙華眾香及塗香，諸餘眾具難可說。
心住此剎無他緣，身現十方無量土，親承奉事彼諸佛，悉由神通力無邊。
無請我今為行慈，住於慚愧修行者，不自利己常益他，為斯我請大名稱。
諸有發心求佛智，善根成熟不思議，如是三昧云何修？我故為彼問無著。
被此忍鎧為眾生，我要當拔諸重苦，彼等已離眾生想，為斯故問正覺真。
彼輩常住平等心，觀察眾生無異想，常能成就慈悲者，我為彼故問如來。
是中應行何等法，速得如是不思議，所得功德無有邊？我為彼故請調御。
被弘誓鎧勇猛人，為一眾生恒沙劫，大地獄中受焰苦，善哉安樂諸眾生。
彼等無睡亦無疲，內外諸物無不施，如是攝受眾生者，我今為彼同普觀。

呵責毀辱及捶罵，身受煎迫衆事苦，為他奴婢及僕隸，皆由斯輩請世尊。
無量百千數億頭，有來求索皆能捨，當捨頭時極歡喜，為求無上妙菩提。
為諸衆生而更捨，手足及以身餘肢，救解失道衆生類，除撥生死還正路。
又施妻妾及男女，七寶珠玉及金銀，亦捨上妙衆器具，我為彼故問如來。
捨身命財無厭倦，長夜聽說不疲勞，心常寂滅行頭陀，我以彼故問正覺。
真實妙語恒繫心，麁鄙惡言聞即離，而於他所無嫌恨，我緣彼故諮自在。
常以慈心觀衆生，其猶父母愛一子，而於怨親行平等，故我為彼請人王。
現有如斯諸功德，然我今日以宣陳，其或未具諸衆等，我亦為是諮問佛。
世尊我今有善根，初發問時便剋獲，藉此菩薩諸功德，速證寂靜三昧王。

大方等大集經菩薩念佛三昧分卷第六

大方等大集經菩薩念佛三昧分卷第七

隋天竺三藏達磨笈多譯

讚三昧相品第九

爾時，世尊讚不空見菩薩摩訶薩言：「善哉！善哉！不空見！汝於往昔乃能供養無量無數諸佛世尊，於諸佛所種諸善根，具足修行諸波羅蜜，一切法中所作已辦，而常為彼諸眾生輩作不請友。

「為行大慈成就正信諸眾生故，請問世尊如斯大義。為被大鎧諸眾生故，請問世尊如是大義。為不動不退大菩提心諸眾生故，請問世尊如斯大義。為不壞信意諸眾生故，請問世尊如斯大義。為發弘廣大願莊嚴諸眾生故，請問世尊如斯大義。為不思議善根諸眾生故，請問世尊如斯大義。為著不思議鎧甲諸眾生故，請問世尊如斯大義。為超越三界諸眾生故，請問世尊如斯大義。為專精實義諸眾生故，請問世尊如斯大義。為隨順大智諸眾生故，請問世尊如斯大義。

「為樂甚深法行諸眾生故，請問世尊如斯大義。為重布施諸眾生故，請問世尊如斯大義。為重開示諸眾生故，請問世尊如斯大義。為一切能捨內外身財諸眾生故，請問世尊如斯大義。為成就最上無上戒聚諸眾生故，請問世尊如斯大義。為深忍相應諸眾生故，請問世尊如斯大義。為勇猛精進諸眾生故，請問世尊如斯大義。為得深禪定諸眾生故，請問世尊如斯大義。為深重智慧諸眾生故，請問世尊如斯大義。為以資財方便巧攝一切諸眾生故，請問世尊如斯大義。

「又為心若金剛諸眾生故，為心如門閫不動不轉諸眾生故，為心如淨水無有塵垢諸眾生故，為心如迦耶隣提衣諸眾生故，為樂入深義諸眾生故，為尊重正法諸眾生故，為捨擔能擔諸眾生故，為不惜身命諸眾生故，為不樂一切世間有為諸眾生故，請問如來如是大義。不空見！汝於今者能為如斯諸大菩薩摩訶薩輩，請問如來如是義耳。」

爾時，世尊復告不空見菩薩摩訶薩言：「不空見！汝應諦聽！善思念之，吾當為汝廣分別解說。」

時彼不空見菩薩摩訶薩即白佛言：「善哉！世尊！如蒙聖說，一心諦受！」

佛言：「不空見！有菩薩三昧，名念一切佛；菩薩當應親近修習、觀察思惟如是三昧。既能修習觀察思惟此三昧已，則得增廣成就現前安樂法行故，則得增廣無貪善根故，則得增廣無瞋善根故，則得增廣無癡善根故，則得具足慚愧故，則得成就神通故，則得圓滿一切佛法故，則得清淨一切佛土故，則得天降下生具足故，則得入胎具足故，則得住胎清淨具足故，則得母生微妙清淨具足故，則得家生清淨具足故，則得諸根微妙清淨具足故，則得大人相清淨具足故，則得諸妙好清淨具足故，則得出家具足故，則得最上寂靜具足故，則得大寂靜具足故，則得諸通具足故，則得為一切眾生作歸依具足故，則得多聞具足故，則得世間出世間法具足故，則得一切諸法住處具足故，則得巧妙方便知出世法具足故，則得善通達一切諸法具足故，則得巧知前際後際法相具足故，則得善巧莊嚴文字句義具足故，則得智慧具足故，則得微妙神通具足故，則得巧轉變心具足故，則得善教示他具足故，則得為他眾生及富伽羅勝負白黑上下滿缺增損勝力具足故，則得是處非處具足故，則得未成阿耨多羅三藐三菩提趣向具足故，則得正行具足故，則得意具足故，則得自在具足故，則得神通具足故，則得尊勝大家具足故，則得大姓具足故，則得端正具足故，則得大威具足故，則得大光明具足故，則得作諸功德具足故，則得大功德具足故，則得大人牛王具足故，則得令他歡喜音具足故，則得令他深歡喜音具足故，則得微妙音具足故，則得梵音具足故，則得相應辯才具足故，則得無諍辯才具足故，則得無著辯才具足故，則得稱實辯才具足故，則得種種辯才具足故，則得一切言音辯才具足故，則得所生不離諸佛世尊而常恭敬供養具足故，則得離邊地生具足故，則得常生中國具足故，則得遍遊諸世界禮拜承事諸佛世尊諮請論義具足故，則得成就無量無邊功德具足故，則得一切菩薩功德莊嚴具足故，乃至則得菩提樹下道場莊嚴具足故。」

爾時，世尊為重宣此義，以偈頌曰：

不空見斯勝三昧，如我今住智德中，其有菩薩能修行，彼見十方一切佛。
當即速獲諸神通，因是復覩清淨剎，遂能下生妙具足，入胎具足亦復然。
住胎之時無有比，母最清淨勝家生，一切相好咸具足，亦當修彼諸行法。
捨家出家離衆欲，捐棄人欲及與天，彼為世間求菩提，所生常有諸甘露。
亦得諸通及神足，轉智圓滿彼世間，多聞總持大德人，行行斯由多聞海。
統諸大衆義明了，巧知衆生方便學，諸法行處皆悉知，世間之法及出世。
智人所知智具足，遠離諸業及癡惱，有為之法盡皆捨，而常親近於無為。
常以天眼觀衆生，復用天耳聽聞法，宿命明白知過往，他心善達前人意。
神通變化自在遊，心能巧轉隨所因，得大名聞行佛國，能廣利益諸世間。
明達是處及非處，一切諸法靡不知，深照淨法及垢染，以常修習勝三昧。
能得正行具足人，彼之智慧實無比，具正思惟大威德，亦得安住正修行。
復生大家及尊姓，衆事端嚴見者喜，彼雖處於有為中，所作功德無能壞。

所生常受大功德，往來多作人中王，或為忉利釋天尊，時作光天及梵主。
凡所出聲悉無比，梵天妙響師子音，諸龍美音遍行中，大功德聲牛王吼。
備於絃樂及歌聲，迦陵頻伽音精妙，能會義理令衆歡，以獲三昧故得然。
善出精雅及好聲，多用愛言悅一切，深婉妙音并善語，彼聲常有未曾絕。
行步舉動若龍王，普放電光照一切，降雨滂洽於大地，是謂龍德難稱量。
如是人龍所遊處，住斯妙定勝神通，無量無數諸化身，遍諸佛前等供養。
偈頌譬喻諸種作，言詞雅正理趣安，彼常法樂與衆生，得是勝定故無礙。
所生不離於諸佛，亦見菩薩及聖僧，恒居利益無難處，成就三昧照十方。
欲遍諸佛有諮論，或生無量難思剎，現前供養一切佛，成就三昧故若斯。
如是功德不可說，超過數表絕稱量，道樹等覺恒俱生，諸佛咨嗟唯此定。

菩薩念佛三昧分正觀品第十

爾時，不空見菩薩摩訶薩白佛言：「世尊！若諸菩薩摩訶薩欲得成就諸佛所說菩薩念佛三昧者，彼菩薩摩訶薩應當親近修習何法，能得成就思惟三昧耶？」

爾時，世尊告不空見菩薩摩訶薩言：「不空見！若諸菩薩摩訶薩欲得成就諸佛所說念佛三昧，欲得常覩一切諸佛，承事供養彼諸世尊，欲得疾成阿耨多羅三藐三菩提者，當住正念，遠離邪心，斷除我見，思惟無我。當觀是身如水聚沫，當觀是色如芭蕉虛，當觀是受如水上泡，當觀是想如熱時焰，當觀是行如空中雲，當觀是識如鏡中像。

「菩薩若欲入是三昧，當應深生怖畏之想，當念遠離譏嫌免他訶責，當念除去無慚無愧、成就慚愧，當應成就奢摩他、毘婆舍那，當應遠離斷常二邊。常念一心精勤勇猛，除去懈怠，發廣大心；常念觀察三解脫門，常念先生三種正智，常念斷滅三不善根，常念成就諸三昧聚，常念成就一切衆生，常念等為衆生說法。當觀四念處，所謂：身念處、受念處、心念處、法念處。當念四食過患，所謂：摶、觸、思、識等，於是食中生不淨想。當念四無量，所謂：修於大慈、行於大悲、安住大喜、具足大捨。當念成就諸禪而不味著。

「然復思惟一切諸法，常念不惜其身、不保其命、捨身及心，攝受多聞。念如是法，應如是護，不得誹謗；多聞法財，如所聞法，如義受持；於諸佛所起尊重心，又於法、僧生肅恭意；親善知識，遠離惡友；除滅世間無義語言，不著世樂，不捨空閑；住於一切生平等心，於諸眾生無有退沒，無損害心亦無妬嫉；於一切法起稱量心，不作罪惡心，無垢染，一切諸法無處可得。

「常求甚深廣大經典，於中恒起增上信心，莫生嫌疑，無為異意，如是經典最勝廣大，常念誦持，常思演說。何以故？是為諸佛世尊道法，獨能生成佛菩提故。於當來世得彼無量諸佛功德，應當為他如法宣說；降伏憍慢，莫亂正聞，恭敬尊重供養是法，捨諸欲求，息諸諍競，除諸睡眠，滅諸疑網，殄絕迷惑，明識我見，不事戲論，遠離尼乾邪命自活、遮羅迦、波梨婆闍語言論等。

「常應善住檀波羅蜜中，圓滿尸波羅蜜，常念羼提波羅蜜，不捨毘梨耶波羅蜜，遊戲禪波羅蜜，具足般若波羅蜜。棄捨身命無愛惜心，如四大性不可改變，如於地界起平等心，水、火、風界亦復如是。成就身業，心意精勤，無不活畏，不貪衣食、湯藥、床鋪、房舍、殿堂一切衆具，樂行頭陀，常住知足，不求利養，不事名聞，凡是愛著悉滅無餘。

「觀四念處，斷四顛倒；不念惡刺，永度四流；修四如意，住四威儀。當具五根，亦增五力；應滅五蓋，不用五情；遠離五濁，成五解脫；得入⊙五身☆，內自思惟廣大聖智，正觀五陰。不行六塵，降伏六根，亡滅六識，斷絕六受，除六渴愛，行六念處及六智分法，於六通中常求利益。修七覺分，通達七界（七界謂害界恚界出界欲界色界無色界及滅界故），滅除七使及七識住。離八怠惰，除八妄語，明了世間八法所因，應得八種大人覺法，證八解脫，修八正道。親近思惟廣大分別，專精遠離九衆生居，滅九種慢，捐棄九惱，常思九種歡喜等法，親近修習九次第定。終不念行十種惡業，而勤造作十善業道，常求如來十種力智。

「不空見！我今為汝略說如是菩薩摩訶薩念佛三昧法門諸所當得大利益事，若有菩薩摩訶薩應當修學念佛三昧，如是修者名報佛恩。思惟是者，即不退轉於阿耨多羅三藐三菩提，亦當滿足彼諸佛法，乃至能為一切衆生作大依止，亦令成就無上種智故。不空見！斯諸菩薩摩訶薩有大智故，乃能思惟非彼聲聞、辟支佛人得觀察也。

「不空見！若人於此念佛三昧，或時親近思惟修習，若受持，若讀誦，若書寫，若教⊙他書寫，若教讀誦受持，若少開發，若為解說，若能廣宣；彼雖少時勤苦疲勞，然其所作終不虛棄，必獲果報得大義利。不空見！彼菩薩摩訶薩以為他受持法故，速得不退阿耨多羅三藐三菩提，於當來世決定作佛。不空見！當知如是念佛三昧，則為總攝一切諸法；是故非彼聲聞、緣覺二乘境界。若人暫聞說此法者，是人當來決定成佛，無有疑也。」

爾時，世尊為重宣此義，以偈頌曰：

若人欲修此三昧，能念一切諸如來，彼既思惟是法門，諸非法處當遠離。
亦當遠離無慚愧，破除斷見及與常，復應安住三空門，當念勤修解脫智。
既拔三種不善根，即亦思惟三善本，若知觀察三受處，得斯妙定良非難。
若人欲求勝三昧，先應持戒後修智，自然遠離諸邪見，亦無戲論及語言。

次第觀受斯皆苦，然後觀察生滅心，若人思惟三昧時，當應深念出世事。
諸法有疑咸悉除，得此三昧甚為易，亦應善通四念處，先當觀身不暫住。
恒求解脫及禪定，不愛壽命豈惜身，弗以多聞陵侮人，寧當誹謗於正法。
聞正法已能思惟，晝夜受持身所誦，尊重諸佛深敬法，承事僧衆不敢輕。
善知識所常念恩，遠離一切諸惡友，不與惡人同坐起，除彼為衆說法處。
為求最上菩提故，終勿捨離阿蘭若，一切衆生皆平等，於諸法中莫分別。
欲求彼法真實際，諸法相中無著心，彼輕慢意悉能除，不久必得此三昧。
明識我見及疑心，亦當覺察諸調戲，不得起於惡欲意，應滅諍競與睡眠。
若不學彼外道法，諸是戲論自然除，但能隨順佛法言，求此三昧須臾獲。
常行布施及戒忍，勇猛精進無倦時，恒處禪思及智慧，自然得斯三昧行。
能施頭目無愛畏，捨餘諸物終不疑，彼趣菩提無艱難，亦速獲斯凝靜定。
若能持心如大地，又同水火及與風，更等虛空無邊崖，彼人速得此禪定。
若有精誠身口意，彼不貪食及衣財，其於衆具既無求，能如是修證三昧。

應常專念四正勤，亦當成彼諸神足，速須遠離顛倒想，煩惱棘刺先斷除。
當念杜絕四流河，亦思乾消諸渴愛，具足五根及五力，分裂破壞五蓋衣。
五種欲事不俱懷，內心幻偽亦宜捨，復當願求五解脫，思惟五身三摩提。
應速觀知五陰處，正心和敬於六緣，彼不恭慎應遠離，亦當滅損六觸身。
於六受處心正觀，常念斷除六種愛，復以六通成就世，亦修六念及智明。
勤求七覺七聖財，必須捨彼疑惑處，欲得三昧恒若斯，漸當散滅諸煩惱。
彼常遠離七識住，斯八顛倒亦拔除，若能住於八正道，自當速證此深定。
恒住八大丈夫行，復以八解自娛心，不染八法離世間，獲最勝智當不遠。
於他人所無瞋心，先應除此九種慢，思九歡喜根本法，得彼次第九種禪。
絕此十惡不善因，應修智人十種善，若能修行十種力，得是三昧終無難。
當念攝持諸善法，放捨不善衆惡緣，前後勤求彼正念，證此三昧豈能久？
若住如是三昧已，當轉智力不思議，遍見諸佛金色身，所生常得聞正法。
若欲見彼諸世尊，或已滅度及現在，當來一切愍世者，應思惟此勝三昧。

菩薩念佛三昧分思惟三昧品第十一之一

爾時，不空見菩薩摩訶薩白佛言：「世尊！若諸菩薩摩訶薩念欲成就諸佛所說念佛三昧者，云何思惟而得安住？」

佛告不空見菩薩言：「不空見！若諸菩薩摩訶薩必欲成就是三昧者，先當正念過去所有諸如來、應供、等正覺，次念現在所有諸如來、應供、等正覺，次念未來所有諸如來、應供、等正覺。彼如是念一切三世十方世界中，是等一切諸如來、應供、等正覺、明行足、善逝、世間解、無上士、調御丈夫、天人師、佛、世尊，天降成就、入胎成就、住胎成就、出胎成就、出家成就、諸功德成就、諸根成就、諸相成就、諸好成就、莊嚴成就、戒品成就、三昧成就、智慧成就、解脫成就、解脫知見成就、四無畏慈悲成就、喜捨成就、慚愧成就、威儀成就、諸行成就、奢摩他成就、毘婆舍那成就、明解脫成就、解脫門成就、四念處成就、四正勤成就、四如意足成就、五根成就、五力成就、覺分成就、正道成就、往昔因緣成就、雙教示成就、諸通教示成就、大通教示成就、戒品成就、一切三昧成就、無礙利益成就、為他利益無礙成就、一切善法成就、清淨色成就、清淨心成就、清淨智成就、諸入成就、金色百福成就。

「時彼菩薩念諸如來如是相已，復應常念彼諸如來、應供、等正覺心無動亂，亦當安住無所著心。心無著已，彼復應作如是思惟：『是中何等名曰如來？為當即色是如來耶？為當離色是如來乎？若以色法為如來者，彼諸眾生皆有色陰，一切眾生應是如來；若以離色為如來者，離色則是無因緣法，無因緣法云何如來？』菩薩如是觀知色已，次復觀受，彼時更作如是思惟：『為當即受是如來耶？為當離受是如來耶？若即受法為如來者，彼諸眾生皆有受陰，一切眾生應是如來；若離受法為如來者，離受則為無因緣法，彼無緣法云何如來？』彼既如是觀色受已，乃至觀識亦如是。

「時彼菩薩復如斯念：『若此諸陰非如來者，豈彼諸根是如來乎？』如是念已，則先觀眼：『為當即眼是如來耶？為當離眼是如來乎？若即彼眼是如來者，一切眾生皆有是眼，一切眾生應是如來；若離彼眼是如來者，離眼則為非因緣法，彼非緣法云何如來？』菩薩如是觀察眼已，觀耳、觀鼻乃至觀意亦如是。

「時彼菩薩復如斯念：『若此諸根無如來者，豈彼諸大有如來乎？』如是念已，則先觀地：『為即地界是如來耶？為離地界是如來乎？若即地界為如來者，彼內外法皆屬於地，如是地界應是如來；若離地界為如來者，離地即為無因緣法，彼無緣法云何如來？』彼既如是觀察地界，乃至觀彼水、火、風界亦如是。

「而彼菩薩能作如是正思惟時，不以色觀察如來，不離色觀察如來；如是不以受、不離受，不以想、不離想，乃至不以識、不離識，觀察如來亦如是。又彼觀時，亦不以眼觀察如來，不離眼觀察如來；如是不以耳、不離耳，不以鼻、不離鼻，乃至不以身意、不離身意，觀察如來亦如是。又彼觀時，不以色觀察如來，不離色觀察如來；如是不以色、不離色，不以聲、不離聲，乃至不以觸法、不離觸法，觀察如來亦如是。又彼觀時，不以地觀察如來，亦不離地觀察如來；如是不以水、不離水，乃至不以風、不離風，觀察如來亦如是。彼菩薩如是觀時，即能於彼一切法中，善通達知，明了無礙。

「爾時，彼菩薩復應當作如是思惟：『是中更以何等真法，而能得彼阿耨多羅三藐三菩提？為以身得菩提耶？為用心得菩提乎？若身得者，而今此身無覺無識，頑癡無知，譬如草木、若石、若壁，然彼菩提非色非身，非行非得，不可見聞，不可觸證。此身如是，云何能得成就菩提？若心得者，而即此心本自無形，無有相貌，不可見聞，不可觸證，不可執持，猶如幻化，菩提如是亦無有心，無有觸對，不可見聞，不可知證。此心如是，云何能得成就菩提？』不空見！是為菩薩正念思惟，不以身心，亦不離身心，而能證得阿耨多羅三藐三菩提耶。」

佛言：「不空見！然彼菩薩常應如是觀察思惟，若能如是觀諸法時，即得安住於正法中，心無遷變，不可移動，當知爾時具足菩薩摩訶薩法，自然遠離不善思惟，速疾成就阿耨多羅三藐三菩提，正覺平等真實法界。」

爾時，世尊為重明此義，以偈頌曰：

過去未來諸世尊，現在一切遍見者，冥心空寂行慈愛，欲覲諸佛無艱難。

往昔諸佛大威光，憐愍世間等與樂，彼念人中分陀利，調御丈夫功德滿。
更念下生及入胎，住胎尊母皆具足，思彼生家衆妙相，當見等覺弗為難。
亦念諸好勝莊嚴，及彼本願先所行，微言妙義初中後，彼皆善逝解脫身。
住解脫門及供養，正勤與彼四神足，應念諸根具滿者，力菩提分亦復然。
若念諸佛解脫尊，不久當到勝寂地，一切世間利益念，善法功德難思量。
妙色及與清淨心，復思世尊衆好分，金剛身體百福相，當知如來諸念滿。
何得法中名如來？正當觀察無邊處，諸佛非色復非受，非彼想行非識心。
如是等法非如來，正見智人亦應體，亦非離彼是諸佛，應供善逝但有名。
諸佛非眼非耳鼻，非舌身意及法等，亦非離彼為如來，正覺莊嚴惟名耳。
唯有大名無真佛，離名何處有實者？智人若知盡和合，當取等覺實非難。
若以諸陰為如來，彼諸衆生皆有陰，衆生即應是諸佛，以陰平等斯共有。
不以色等為諸佛，亦不離陰名如來，無量數劫正思惟，不思議智乃成就。
身如草木及石壁，菩提無色寂無生，亦無頑身及草木，云何說身證菩提？

是心無相復無形，菩提非心亦無狀，非身非心能得證，亦非無證難思議。
是為最勝寂靜地，外道於中皆荒迷，若於此法求正勤，必當速得是三昧。

大方等大集經菩薩念佛三昧分卷第七

大方等大集經菩薩念佛三昧分卷第八

隋天竺三藏達磨笈多譯

思惟三昧品之餘

爾時，不空見菩薩摩訶薩復白佛言：「世尊！菩薩摩訶薩當何證知捨離我見耶？」

佛言：「不空見！若諸菩薩摩訶薩得證知時，無有住著則離我見；如是菩薩雖無住著，而能為彼一切世間天人衆生作大利益。云何利益？所謂：為大法明，然大法炬，吹大法蠡，擊大法鼓，奮大法鞞，乘大法船，設大法橋，方當欲渡一切衆生出於生死四流瀑河，置於涅槃無為彼岸。

「即當觀察是身本性，次當觀身不淨、臭穢、腐爛、癰膿、屎尿盈溢，是身無常不暫停住，破壞枯槁不可長久，誑惑小兒，危脆不堅，猶水沫聚，戶蟲充滿，筋骨相輔空負而行，無實用處。或經百年及百千歲，縱八萬劫一切樂具，守護長養，終歸墮壞。此身長夜不離煩惱，不出顛倒，恒為諸惡鳥獸食噉，又亦常與地獄、餓鬼、畜生共行，生死往來受諸苦惱，或為奴隸種種苦事，常繫於他，不得自在，而彼所生云何當能見苦、斷集、證滅、修道？今我此身但是虛空，誑曜愚癡無一堅法，以是我今當應持此一切身分施諸眾生。

「若有眾生寶重己身，我當為彼放捨身命。若有眾生須我精氣，我當給與彼之精氣。若有眾生須我肉者，我當以肉供奉彼等。何以故？寧我先施，令彼得食，無容不施，使彼自食；今我以此淨心布施，所獲善根願即滅除我見根本。而彼菩薩如是觀時，不著我見，滅我見已，然後捨身，令眾生用為惜命者，棄捨命根；須精氣者，授以精氣；須肉食者，便以肉施。若有眾生須其力用，即時為奴，充彼驅策。不空見！以是因緣，彼菩薩摩訶薩除捨我見，不住我見，證知我見，而能於此不牢固中求牢固身。

「不空見！譬如都城邑聚村落之中，多有童男或多童女，自舍出已，至河岸邊，見水沫聚，以彼水沫更相嬉戲，所謂破壞水沫分段磨滅，令其消散無有遺餘，而彼沫聚不作是念：『誰於今日能分散我？』，是沫雖壞，無惱恨心。不空見！如是菩薩摩訶薩自觀己身無常破壞，如彼沫聚不可長久；當知是人得此三昧，疾成阿耨多羅三藐三菩提。」

爾時，世尊為重明此義，以偈頌曰：

若能遠離我見者，一切無有住著處，為利世間天人故，當證難見大菩提。
彼若厭身諸不淨，癰瘡所處膿血流，此身變壞不堅牢，無常羸劣斯破法。
暫住如幻無實體，猶彼聚沫空無真，長夜養育終無宜，烏狗斯食最可惡。
雖以衆具供贍之，是身會當歸敗滅，既不能得牢固法，經無量劫唯有苦。
地獄畜生餓鬼苦，飢渴衆惱恒熾然，世間催切超百羅，初不覺知彼如實。
我身今日自空虛，不常之體須臾變，謂諸衆生食肉者，精氣僕役我甘為。

我思此時常發言，其有食肉及精血，我為其故今放捨，任從噉食我此身。
當令一切寶身者，悉得觀我捨斯命，我今軀命不敢愛，願速成彼三摩提。
猶如彼沫常破壞，未曾起一瞋恨心，今我此身如沫團，豈有生於嫌怨事？
若能觀身如水沫，此人必定求菩提，非但得奉十方尊，彼當速獲勝三昧。

菩薩念佛三昧分示現微笑品第十二

爾時，世尊怡然微笑，諸佛世尊法如是故；即微笑時，世尊口放種種光明，所謂青黃赤白金色頗梨，其光遠照上至梵宮而復還下，右遶三周，入世尊頂。時尊者阿難見斯事已，即從座起，整理衣服，右膝著地，合十指掌向佛世尊，以偈問曰：

最勝世尊非無因，今現微笑當有以，世間調御應為說，而復微笑何因緣？
金剛色體百福身，由證真如能利益，一切世間所歸依，今此微笑有何緣？
世尊無上亦無比，何處當有能超勝，功德備具無可毀，今斯微笑有何緣？

一切世間皆歸趣，調御丈夫今當宣，誰於今日獲大利，世尊無何微笑者？

今日誰當受大位，今日誰得真福聚，今日誰為安隱王，能致世尊是微笑？

一切世間所歸依，天人大師今應說，若聞佛尊斯妙音，天人歡喜衆聖讚。

尊者阿難設斯問已，於是世尊告阿難曰：「阿難！我當說是正念三昧法門義。」

時此大衆中有三萬人遠離塵垢，得法眼淨。復有八萬億百千那由他諸天子遠塵離垢，得法眼淨。復有三萬比丘、比丘尼衆得阿那含果。復有三萬比丘、比丘尼、優婆塞、優婆夷得無生忍法。復有三萬衆生發阿耨多羅三藐三菩提心。此輩皆於星宿劫中成等正覺，此即前發菩提心者是也。復有九萬億那由他菩薩摩訶薩安住菩提無有退轉，此輩當來皆得成佛；彼諸世尊有四種號：或號光明、或號毘盧遮那、或號釋迦牟尼、或名日月歲星，有如是等諸種名號，隨其剎土出現於世。復有九十二億百千那由他衆生但發聲聞心，是輩未來皆證聲聞果。

爾時，世尊知是事已，以淨天眼過於人眼，觀察十方見九十億百千那由他諸佛世界，應作如是大利益故，更出殊大微妙之聲，遍此三千大千世界，咸得聞已，然後及彼諸佛國土所有眾生亦皆得聞。然後復從眉間白毫相中放大光明，名無邊威，此光遍照十方佛國，令無量億百千那由他眾生得須陀洹果、斯陀含果、阿那含果、阿羅漢果。復有過於前數眾生發阿耨多羅三藐三菩提心，彼等當來皆得不退轉於阿耨多羅三藐三菩提，然後於彼十方國土皆得成佛，號曰難伏如來、應供、等正覺，出現於世。

爾時，世尊為重宣此義，以偈頌曰：

過百千數無減少，三種三十復九十，如是一切見菩提，彼為發心利益故。
彼滿十千諸眾生，復三萬智得淨眼，聞已正思等正覺，解脫人身諸惡道。
復過八億那由他，諸天獲於聖淨眼，以聞如來妙音故，永滅惡趣無遺餘。
得忍三萬億由他，發心即離三惡道，彼輩當來悉成佛，其猶盛春草木敷。
復有三萬億眾生，從座而起發大心，以此威德當成佛，於大地上利世間。
復有六萬諸天子，皆發無上菩提心，彼等斯同彌勒尊，以修樂因證樂處。
以是因緣天人師，為斯廣大故微笑，我已宣揚微笑旨，阿難當知此笑緣。

菩薩念佛三昧分神通品第十三之一

爾時，不空見菩薩摩訶薩白佛言：「世尊！云何當知菩薩摩訶薩住於慚愧，遠離於彼無慚愧已，然後當得此三昧耶？」

爾時，佛告不空見菩薩言：「不空見！若有菩薩摩訶薩常行慚愧，而是菩薩行慚愧時，或能造作種種惡事，所謂身惡行時即生慚愧，口惡行時亦生慚愧，意惡行時亦生慚愧，起嫉妬心亦生慚愧，起懈怠心亦生慚愧，於諸如來所亦生慚愧，於大菩薩摩訶薩所亦生慚愧，於住菩薩乘諸衆生所亦生慚愧，於聲聞乘人所亦生慚愧，於辟支佛乘人所亦生慚愧，於人天所亦生慚愧。

「云何慚愧？所謂常愧於他，亦慚自身，住於一切不善法中，故常慚愧。住慚愧已，遠離一切無慚無愧；除滅不善，思惟善事，荷負重擔，體性清淨，終無毀犯，他不能謗。而是菩薩常能具足無毀身業，亦能具足無毀口業，亦能具足無毀意業。具足斯已，然後乃能住是三昧。住三昧已，常不遠離見一切諸佛，常不遠離聽聞諸佛所說妙法，常不遠離恭敬供養一切聖僧。具足如斯已，然後乃能疾成阿耨多羅三藐三菩提。

「復次，不空見！我念往昔過無量無邊阿僧祇劫，時有大劫名曰善來，於彼善來劫中，後有第三劫名曰寶炬。不空見！彼於劫中，復有小劫名九莊嚴，於彼時中名多劫濁；復次有劫名曰千歲，彼中有轉輪王名善觀作，而彼善觀作王宿植德本，具大威德。不空見！時善觀作王所居大城名曰淨華，妙香充滿。其城東西廣六十由旬，南北長七十由旬，墻壁周圍有一千二百重，彼城身量純以真金，衆具莊嚴間用七寶。

「不空見！汝今欲知淨華香城善觀作王果報衆具，莊嚴殊麗，如先所說無邊精進王善住大城，無差異也。不空見！彼城北面有一內門名曰華鬘門，外有園名曰無畏，其園縱廣四十由旬，周匝皆有七寶樹林而為圍遶，有一大池形量方廣，面十由旬，八功德水瀰滿其間，如忉利天鏝陀吉尼池也。彼池四面周匝皆有寶多羅樹，其金多羅樹銀為花果，銀多羅樹琉璃華果，如是乃至真珠多羅樹金為華果，如善住城一等無異。

「復次，不空見！當爾之時，有佛世尊號鴦耆羅娑隋言分味如來、應供、等正覺、明行足、善逝、世間解、無上士、調御丈夫、天人師、佛、世尊，出現於世。不空見！時彼鴦耆羅娑如來處遊居止無畏園中，與大比丘衆九十九億百千那由他人俱，前後圍遶皆阿羅漢，諸漏已盡無復煩惱，皆得自在心善解脫、慧善解脫，所作已辦捐捨重擔，盡獲己利不受後有，隨順正教達於彼岸。不空見！時彼鴦耆羅娑如來、應供、等正覺，於晨朝時著衣持鉢，與九十九億百千那由他聲聞大衆左右圍遶，入淨華香城。

「不空見！時彼善觀作王知彼世尊晨朝入城，即自莊嚴，乘大調象名曰樂手，與無量億百千那由他衆前後導從，自彼淨華香城而出，為奉迎彼佛世尊故。不空見！時善觀作王既遙見彼鴦耆世尊尋路而來，光儀端遠狀若金山，諸根寂靜，神志和穆，已達第一調柔彼岸，猶如大龍降伏一切，亦如大象所為自在，又如大池澄清映徹。如是見已，自乘而下，進詣世尊，頭面作禮，右遶三周而啟白言：

『唯願世尊受我明朝所設供養！』

「復次，不空見！時彼鴦耆羅娑如來、應供、等正覺聞善觀作王如是請已，為諸眾生作利益故，默然受請。復次，不空見！時，善觀作王聞彼世尊許納其請，即於斯夜速命廚官嚴辦眾種上味美食，人間所有靡不畢具。於淨華城平治道路，以諸香泥塗飾其地，所在街巷建立寶幢，妙善名幡處處羅布，兼列種種金寶器具；又用上妙牛頭栴檀以為香水，灑散其地；復以種種末香、種種散華上撒於佛而為供養，然後於彼如來、應、等正覺前燒種種名香，積種種華鬘而為供養；又以種種歌頌讚歎，偈句法言而為供養，又作種種上妙樂音及諸玩具而為供養。彼王如是作諸供養，然後奉獻上妙飲食，供養世尊及比丘眾。

「復次，不空見！爾時，彼善觀作王廣設如是微妙第一最上眾具，滿足供養鴦耆如來、應供、等正覺已，更於異時莊嚴大駕，躬自率彼無量千數諸眾生等，詣無畏園，至彼鴦耆如來、應供、等正覺所，頂禮尊足已，而白佛言：『世尊！今正是時，唯願垂慈，作所應作也。』

「復次，不空見！時彼鴦耆羅娑如來聞善觀作王慇懃請已，知諸眾生堪受化故，於是為彼如所應作種種神通。現神通已，遂與九十九億百千那由他諸阿羅漢等身昇虛空。住虛空已，即放九十九億百千那由他光明，照於東方無量世界；如是復放前數光明，照彼南方及以西北四維上下，周遍十方亦皆如是。彼一一方各有九十九億百千那由他諸大光明，彼一一光皆各化作八十億百千那由他等大蓮華座，彼諸華座皆各有一化如來坐，彼諸如來形量長短乃至一切威儀多少，一如鴦耆羅娑如來、應供、等正覺無差別也。不空見！如彼變化諸佛世尊各有無量億那由他諸比丘眾，前後圍繞住虛空中；又亦各有化天帝釋及化梵王，形量大小皆如今此無超勝梵天及大供養天帝釋等無有異也。

「不空見！時彼鴦耆羅娑如來、應供、等正覺示現如是神通事時，於須臾間，一切諸天所有音樂不鼓自鳴，一切眾具不作自現。不空見！時彼欲界諸天既覩鴦耆世尊示現如是大神變時，即以天栴檀、末香、沈水春、多伽羅香、多摩羅跋牛頭栴檀、黑沈水香等奉散佛上。復以種種妙華，所謂雞娑羅華、大雞娑羅華等，奉散於彼鴦耆羅娑如來、應、等正覺⊙上。

「復次，不空見！爾時，鴦耆世尊告彼善觀作王言：『大王！諸行無常。大王！諸行皆苦。大王！諸行無我。大王！諸行暫住不得久停。大王！諸行不堅是破壞法。大王！諸行熾然如猛火焰。大王！諸行深奧如大火坑。大王！乃至應當念捨諸行，當生深厭亦不可樂，當念遠離，終思解脫。』不空見！爾時，善觀作王一心合掌，恭敬向彼鴦耆如來，具領讚曰：『如是！如是！大德修伽陀！大德婆伽婆！諸行無常。大德婆伽婆！諸行是苦，諸行無我。大德婆伽婆！誠如聖教，一切諸行皆應遠離，亦須棄捨，終當免脫。』不空見！爾時，彼鴦耆羅娑如來為彼善觀作王說如斯法，令其歡喜，令其專念，令其奉行。令歡喜已，令專念已，令奉行已，然令發阿耨多羅三藐三菩提心。

「復次，不空見！爾時，鴦耆羅娑如來見善觀作王聞法歡喜，發菩提心，一切衆生咸得益已，即與九十九億百千那由他諸阿羅漢比丘大衆舉身騰踊，足步虛空，出淨花城，然後還下如常威儀，前後圍繞，入無畏園。不空見！時彼善觀作王既得親覩鴦耆羅娑如來、應、等正覺廣現如是神通事時，發菩提心，更作誓曰：『當令我等於未來世，悉獲如是大神通慧；復當令我悉得如是統諸大眾，復當令我於未來世悉得如是天人眾前大師子吼，一如今日鴦耆如來、應供、等正覺無有異也。』不空見！時彼善觀作王見彼世尊鴦耆羅娑如來、應供、等正覺及諸大眾乘空而返，王便嚴駕奉從世尊達本住所，然後乃還。

「復次，不空見！後於異時，彼鴦耆如來、應供、等正覺與諸大眾次第而行，至善觀王宮殿中已，當鋪而坐，諸比丘僧亦次第坐已。爾時，彼善觀作王及諸大臣與其眷屬各自圍繞，城內人民及其眷屬亦各圍繞，又皆自持所有供食，各自手奉鴦耆世尊及諸弟子聲聞大眾，其食香美，眾味具足，隨意奉上佛及眾僧，一切噉食皆得充滿。然後更以種種妙香、種種花鬘、種種衣服、種種珍寶一切眾具、微妙音樂，供養恭敬已，即於是日呼召太子，加以天冠，受以王位，棄四天下及諸眷屬，深厭生死，請佛出家；即於鴦耆佛世尊所釋除鬚髮，法服著身。時有八萬四千億百千那由他人民，善根既淳熟故，亦深厭世從王出家。

「復次，不空見！時彼善觀作王既出家已，即於衆中整理衣服，恭敬合掌，遂便請彼耆者如來、應供、等正覺言：『世尊！云何菩薩修習思惟念佛三昧耶？菩薩摩訶薩云何證此念佛三昧，即得住於不退轉地，速疾成就阿耨多羅三藐三菩提，現前成就諸功德法？』

「不空見！時彼善觀作王比丘如是問已，彼耆者如來即便告彼王比丘言：『善觀作！汝應當知有二種法，菩薩摩訶薩具足修習，即便得此菩薩念佛三昧，能速成就阿耨多羅三藐三菩提。何等為二？一者、信諸如來不生違逆，二者、信佛所說不敢謗毀。作如斯念，是為諸佛廣大境界不可思議。善觀作！是為菩薩摩訶薩得此三昧能速成就阿耨多羅三藐三菩提。善觀作！復有二法，菩薩摩訶薩具足修習能速成就阿耨多羅三藐三菩提。何等為二？一者、奢摩他，二者、毘婆舍那。善觀作！是為菩薩摩訶薩具足修習，得此三昧，能速成就阿耨多羅三藐三菩提。善觀作！復有二法，菩薩摩訶薩具足修習得此三昧，能速成就阿耨多羅三藐三菩提。何等為二？一者、遠離斷見，二者、滅除常見。善觀作！是為菩薩摩訶薩具足修習，得此三昧，能速成就阿耨多羅三藐三菩提耶。善觀作！復有二法，菩薩摩訶薩具足修習得此三昧，能速成就阿耨多羅三藐三菩提。何等為二？一者、住於羞慚，二者、修於恥愧。善觀作！是為菩薩摩訶薩具足修習，得此三昧，能速成就阿耨多羅三藐三菩提。』

「復次，不空見！時彼如來如是說已，彼善觀作王比丘復白鴦耆羅娑如來言：『世尊！云何菩薩摩訶薩住慚愧已，而能得斯念佛三昧耶？』爾時，鴦耆羅娑如來、應、等正覺即告彼善觀作比丘言：『善觀作！若諸菩薩摩訶薩於諸所作常行慚愧，謂起身惡行生慚愧心，起口惡行生慚愧心，起意惡行生慚愧心，起嫉妬時生慚愧心，起懈怠時生慚愧心，於諸佛所生慚愧心，於諸菩薩摩訶薩所生慚愧心，於住諸菩薩乘眾生所生慚愧心，於諸聲聞乘所生慚愧心，於諸辟支佛乘所生慚愧心，於諸天人所生慚愧心。』」

大方等大集經菩薩念佛三昧分卷第八

大方等大集經菩薩念佛三昧分卷第九

隋天竺三藏達磨笈多譯

神通品之餘

「『云何慚愧？所謂常慚於人，亦愧自身，住於一切不善法中，常行慚愧，成就慚愧，遠離不善，念求善事，身荷重擔，種性清淨，無所虧犯。』

「時，彼善觀作王比丘既從彼佛聞教誨已，住於慚愧，為滅一切不善法故，勤求精進及以意欲，一心迴向住諸善法。又令滿足更廣思惟不令忘失，專精攝心住於正觀深入法界，如是比丘觀法界時，不見一法增、不見一法減。彼既觀法無增減已，*彼當☆如是見一切法無有去來，彼當如是見一切法無得無喪，彼當如是見一切法無有生滅，彼當如是見一切法無有差別，彼當如是見一切法無有異，彼當如是見一切法因緣生，彼當如是見一切法猶如夢想，彼當如是見一切法猶如陽焰，彼當如是見一切法猶如鏡像，彼當如是見一切法猶如形影，彼當如是見一切法猶如聲響，彼當如是見一切法猶如幻化，彼當如是見一切法無有勝負，彼當如是見一切法本無優劣，彼當如是見一切法不可成就，彼當如是見一切法本來不生，彼當如是見一切法無有生處，彼當如是觀一切法皆悉平等。

「不空見！彼既能作如是觀已，亦即能作如是修行，不久便能得是三昧。不空見！而彼善觀作王比丘得此三昧已，即能成就無礙辯才，說諸法義無有窮盡；又彼善觀作王比丘，即於爾時過六十億百千那由他劫已，然後得成阿耨多羅三藐三菩提。

「不空見！汝今於此猶有疑心，我為汝釋令得除斷。不空見！當知彼時善觀作王捨四天下五欲眾具，與彼八萬四千億那由他臣民大眾，於彼耆耆佛世尊所，同時出家，剃除鬚髮，精勤修道者，非謂異人，汝亦不應更作他觀。何以故？不空見！當知彼時善觀作王比丘，今彼蓮華上如來是也。又於爾時，善觀作王捨四天下一切樂具，與八萬四千億那由他臣民大衆，耆者佛所出家修道，住慚愧行，正觀諸法，一心思惟，未幾即便證此三昧也。

「復次，不空見！以是因緣，我於今者慇懃鄭重為汝宣說此三昧門所作功德甚深廣大不可思議，當知非彼不能廣種勝妙善根，諸衆生輩而得聽聞，而能讀誦受持修行，乃至為他解說義理。復次，不空見！若有諸善男子、善女人，但能耳聞此三昧者，當知彼諸善男子、善女人輩終非薄福種少善根也，亦非一如來所種諸善根也，亦非二、三、四、五諸如來所種諸善根也，亦非一十、二十、三十、四十、五十乃至非一百諸如來所種諸善根也，亦非二百、三百乃至千萬億諸如來所種諸善根也，如是乃至亦非於無量億百千那由他，乃至亦非於無量阿僧祇，及過無量阿僧祇爾許諸如來所，種諸善根厚集功德，而獲聞此寶三昧王名字少分；何況當能書寫披讀、讚誦受持、思量義趣，如法修行，為多人衆分別解釋也！

「復次，不空見！若彼一切善男子、善女人輩，但得耳聞此菩薩念佛三昧門者，應知彼善男子、善女人非是薄福種少善根者，當知彼諸善男子、善女人等，即是具足菩薩乘者。何以故？不空見！若人得聞此三昧王，當知彼輩依其次第，自然證成阿耨多羅三藐三菩提，唯除一切諸漏盡者。」

爾時，不空見菩薩白佛言：「大德世尊！所住行阿耨多羅三藐三菩提，大德世尊！彼等*當證此三昧王耶？」

彼佛報言：「不空見！*如是☆！如是！彼等亦證此三昧王也。

「復次，不空見！譬如有藥名曰真正，若以其藥用塗軍鼓，於鬪陣時以椎擊打，假彼陣中有為毒箭刀矟所傷，彼藥力故皆即平復，安隱無患。如是，不空見！若有善男子、善女人但能耳聞此三昧王名字少分者，彼等以此三昧名聲威力，皆當得成阿耨多羅三藐三菩提，唯除漏盡身證之人。

「復次，不空見！譬如須彌山王四寶所成，若諸衆生至其所者，即同其色。何以故？以彼山威光皆同一色。如是，不空見！若彼善男子、善女人耳暫聞此寶三昧名，彼等皆以三昧名聲威德力故，自然速成阿耨多羅三藐三菩提，唯除漏盡正位諸富伽羅。何以故？不空見！以此三昧有不思議勝功能故。

「復次，不空見！譬如一切大河陂池及以諸流，皆入大海同一醎味，悉由大海德力弘故。如是，不空見！彼諸善男子、善女人但能耳聞此三昧名，假令不讀不誦，不受不持，不修不習，不為他轉，不為他說，亦復不能廣分別釋；然彼諸善男子、善女人，皆當次第成就阿耨多羅三藐三菩提。何以故？以此三昧名聲勝故，威德力故。

「復次，不空見！若有諸善男子、善女人誠言時，善說時，但能誠言及與善說，諸佛法門必定當得，開示興顯能廣利益諸世間者，是名誠言，是名善說。不空見！若彼善男子、善女人能得正言及善說者，必定當得無量無邊過阿僧祇不可思議大功德聚，何況彼能善說於此菩薩念佛三昧法門所獲功德聚也！

「不空見！假使無量無邊恒河沙菩薩摩訶薩，復經無量無邊過恒河沙劫數，修行布施，無暫休廢；我若說是所得功德不可思議，今更為汝廣分別說。若復有一菩薩摩訶薩能聽受斯念佛三昧，若讀誦，若受持，若少分修行，若少分論說，所得功德望前布施不可喻比、不可稱量、不可計挍、不可算數、不可宣說，何況有能具足聽受修行，演說是功德聚，而可校量耶？」

爾時，世尊為重明此義，以偈頌曰：

我念往昔無量劫，有佛世尊蓊耆羅，一切世間所歸依，具大慈悲演妙法。
於彼所見無不知，過去未來悉明了，亦能通達現在事，等見幽微斯覺察。
諸佛智慧難思議，憐愍眾生故為說，愚癡眾生苦煎迫，觀彼一切興悲心。
時彼如來有如是，九十九億聲聞眾，咸具自在有生盡，悉共圍繞正法王。
彼城東北有園林，具足莊嚴名無畏，如來大仙住於此，兼彼億眾阿羅漢。
彼善觀作轉輪王，嚴備寶駕自出城，無量臣民眾圍繞，一切眾生皆愛樂。
王覩世尊心寂靜，身口清淨諸根調，具足勝妙諸威儀，彼善觀王轉增敬。
王便往詣彼佛所，頭面頂禮世尊足，啟口請佛受其供，世尊許納故默然。
王以如來許受故，即勅城內諸臣民，今宜具辦微妙供，吾欲奉獻蓊耆佛。
眾事既嚴王親告，唯願哀愍照此時，大師世尊及聖僧，受我今日微末飯。

鶩者如來赴王請，大功德聚廣現神，遂作無量千億光，普照十方諸佛土。
彼一一光出無量，百千億數大蓮花，微妙鮮明人憙樂，為發衆生諸善本。
汝不空見知諸花，各出化諸如來形，意念現前人瞻仰，十方同說如斯法。
諸行無常亦實苦，復說無我極羸劣，終是破壞不堅牢，孰云智者生貪樂？
諸行焚燒如猛火，炎赫炫熾甚難當，鶩者世尊如如宣，佛為衆生發深厭。
諸天覩斯大神通，百千樂音俱時作，香花自然而雨下，異哉希有難思議！
彼王見佛神變故，設諸供事不可量，此四天下可重尊，投棄五欲如脫履。
佛前釋髮服袈裟，便爾請問微妙定：當住何等勝法已，丈夫能入三昧門？
鶩者世尊如是說：住於二法善思惟，當自證此微妙禪，得不思議最上樂。
王蒙彼佛誠實言，深心歡喜觸斯定，常念菩提奉諸佛，即受尊號上蓮華。
若能信受如來語，於是經典無復疑，入佛境界深法門，自然得入此三昧，
若聞實際不驚疑，於法亦無我人想，勤念奢摩毘婆舍，如是深思觸勝禪。
住於慚愧及恭敬，常應修習諸正勤，知已惡現生恥心，證三昧王豈能久。

恒觀諸法不見增，亦自弗知諸法滅，見一切法如虛空，菩薩智人通達此。
諸法非興復非喪，本性清淨常湛然，知一切法同睡夢，如是見者逮三昧！
於彼不作差別相，本不見滅亦無生，猶如陽焰及鏡像，能如是見得三昧。
法相平等無高卑，亦無存亡及優劣，如彼聲影與幻化，如是見人證三昧。
諸法寂然無勝負，不見外相及內心，無有成就復無名，如是見者證三昧。
比丘如是專精觀，初中後夜常思惟，頂受尊教於佛所，不久當證此三昧。
彼當證此三昧時，已於菩提無缺減，亦見十方一切佛，供養功德大衆生。
過是六十億百千，那由他劫修諸行，承事無量諸佛已，然後證彼大菩提。
汝不空見今應知，爾時彼王其誰是？智人不當生異見，蓮花上佛即善觀。
我今教誡於汝輩，一切世間諸天人，若欲究竟諸法源，當念速淨此三昧。
彼必大集功德聚，不可算數難稱量，欲得妙樂不思議，要先淨修此三昧。
若欲盡見一切佛，現在未來及十方，或復求轉妙法輪，亦先修習此三昧。
若欲圓滿諸妙相，具足衆好上莊嚴，及求轉生清淨家，必先受持此三昧。

汝不空見諸衆生，即欲遠離諸惡道，悉欲知於下生者，應常讚誦此三昧。
彼非供養於一佛，亦非二三及四五，乃至億數那由他，方得聞斯勝三昧。
彼供諸佛過僧祇，為證無上大菩提，及衆所欲皆悉得，乃得聞此勝三昧。
彼供無量百數佛，過去久種諸善根，常生歡喜尊敬心，方得說此勝三昧。
彼事無量千數佛，天中勝天能放光，精勤修習無懈倦，爾乃讚誦三昧經。
彼見無量億數佛，無邊淨光若日輪，厚習一切諸善根，然始得聞妙三昧。
又如世間攻戰場，其中多有被毒害，彼或遇聞藥鼓音，衆毒消除得安樂。
若人說此三昧時，其或得聞勝定者，三昧威力證菩提，非彼漏盡正位人。
彼定功德等須彌，若人證時無異相，其或能往到山所，即同其色難別知。
若人得聞三昧聲，諸定中勝猶如海，由斯三昧威德力，彼證菩提不復疑。
亦如衆流歸大海，大河小河及陂池，等同一味難別知，彼亦如是無異相。
若人聞此三昧時，即念十方一切佛，三昧威力登正覺，非彼身證富伽羅。
若諸菩薩唯修檀，過於無邊恒沙劫，供養十方一切佛，下及法界諸衆生。

如是曠劫行布施，所獲功德雖言多，猶不及說妙定門，起一念慈被一切。

三昧善思如慈母，光顯聖德難度量，智人若能一心求，當速成佛具自在。

菩薩念佛三昧分說修習三昧品第十四之一

爾時，不空見菩薩摩訶薩白佛言：「世尊！菩薩摩訶薩具足幾法當能入斯念佛三昧耶？」

佛告不空見菩薩言：「不空見！若諸菩薩摩訶薩具足三法，即能入此念佛三昧。何等為三？一者、具足不貪善根，二者、具足不瞋善根，三者、具足不癡善根，若能具足三善根已，即得成就六波羅蜜。

「而彼菩薩摩訶薩以能住彼不貪善根故，而常行施具足成就檀波羅蜜，所生常得家產豐饒，財寶具足，所須便至，永離貧窮，有大威德，有大勢力，其心弘廣無復狹劣，自然攝彼貪不善根；以能具足諸福德故，眾生見者莫不尊敬，凡所言說人皆信行，不用多功獲此三昧，速疾成就阿耨多羅三藐三菩提。

「又彼菩薩以於一切世間天人諸衆生所無有瞋恚忿恨之心故，故能具足不瞋善根，而常住彼尸波羅蜜、羼提波羅蜜，能具足滿忍波羅蜜已；或逢罵詈、謗毀、楚撻、撾捶、割截手足、挑髓破腦一切諸苦競來迫切，不怒不恨、不恚不瞋，於是除滅瞋不善根，起大慈心遍覆一切衆生界已，所生不離諸佛世尊，夢寤常安，天神衛護，刀仗不害，毒不能中，火不能燒，水不能溺，常足飲食、湯藥、衣服、臥具種種衆物，一切世間天人衆生見者讚美，不久即能證此三昧，當能速成阿耨多羅三藐三菩提。

「又彼菩薩以能具足無癡善根故，長夜修習奢摩他、毘婆舍那，具足方便善能斷除癡不善根，成就微妙甚深智慧，於一切法了了分明，諸異論門無有罣礙，若他問難，辯釋無疑。不空見！是為菩薩摩訶薩具足三法，證此三昧，當能速成阿耨多羅三藐三菩提。

「復次，不空見！菩薩摩訶薩復有三法能入三昧，復能速成阿耨多羅三藐三菩提。何等為三？一者、觀一切行無常如實知，二者、觀一切行苦如實知，三者、觀一切法無我如實知。菩薩若能如是觀已，不久即能入此三昧。不空見！是為菩薩摩訶薩具足三法，能證三昧，亦速成就阿耨多羅三藐三菩提。

「復次，不空見！菩薩摩訶薩復有三法能入三昧，亦能速證阿耨多羅三藐三菩提。何等為三？

「一者、如來現在修諸供養，若滅度後，或時供養諸佛舍利，或以種種上妙香花及以花鬘、塗香、末香、燒眾名香、然燈、幡蓋、寶幢、音樂等，若自供養，或復教他常發誓願：『願我所生，以此供養行願善根，令我速得念佛三昧。亦當證成阿耨多羅三藐三菩提。』

「二者、若佛現在及入涅槃，讚說如來真實功德，若戒、若定、若智慧、若解脫、若解脫知見、若威儀、若神通、若辯才、若無諍、若慈悲、若喜捨，及餘世尊諸功德法皆常讚說。亦發誓願：『願我從今讚歎諸佛所獲福聚所得功德，藉此善根，當令我得念佛三昧，復能速成無上道果。』不空見！是為菩薩摩訶薩成就三法，能入三昧，亦能速成阿耨多羅三藐三菩提。

「復次，不空見！菩薩摩訶薩復有三法，不久則能成就三昧，亦當速證阿耨多羅三藐三菩提。何等為三？

「一者、若諸菩薩摩訶薩，或從一切佛世尊所聞此三昧真實功德，或時但聞三昧名字，即自思念：『如彼過去諸如來、應、等正覺本行菩薩求菩提時，彼輩皆求如此三昧，是以聞此三昧即生隨喜。我於今日為大菩提，亦應勤求如是三昧，成就具足大利益故。是故，我今聞此三昧功德名字深生隨喜。』是名具足第一隨喜法也。

「二者、『如彼未來一切諸如來、應、等正覺為求菩提行菩薩時，修此三昧為大利益。是故，我今聞此三昧亦生隨喜。』是名第二具足隨喜法也。

「三者、『如今現在所有十方無量無邊諸如來、應、等正覺現住世者，已度諸有，已拔習根，斷滅語言遠離覺觀，證甚深定，具大慈悲，亦於往昔行菩薩時，聞此三昧皆生隨喜。我今既獲聞此三昧，何獨不可起隨喜乎？』如是念時，深生隨喜，是名具足第三隨喜法也。不空見！是為菩薩摩訶薩具足成就三種隨喜，所獲功德及諸善根，願以眾生同證三昧，亦速成就阿耨多羅三藐三菩提。

「復次，不空見！若復諸善男子、善女人輩，於此三昧生隨喜時，所得功德真實廣大，無量無邊，難可稱說。我今為汝引諸譬喻，開示少分，令汝知耳。不空見！如此三千大千世界其間所有諸恒河沙，若人取彼諸恒河沙聚置一處，然後於彼大沙聚中，取一一沙末為微塵，然後將此沙之一塵過恒河沙世界，更復過彼無量無邊阿僧祇不可思議、不可稱、不可量恒河沙等世界已；然後方乃置一微塵，如是次第，一切沙塵計諸世界悉皆布盡。不空見！汝意云何，假使彼世間人頗能少知世界數不？」

不空見言：「無也！世尊！」

「不空見！且置是事。假使世間聰明智慧第一算師，盡其智力及以算術，頗能稱量，頗能思察，復能數知世界數不？」

不空見言：「無也！世尊！無也！世尊！今我所見，唯有上座舍利弗及彼不退轉地諸菩薩摩訶薩輩，應少髣髴耳。」

佛言：「不空見！若有善男子、善女人以上爾所諸世界盛滿七寶及餘眾具，持用供養一切眾生。不空見！汝意云何？彼人如是供養行檀所獲功德寧為多不？」

不空見言：「甚多！世尊！無量！世尊！」

佛言：「不空見！我更語汝。彼善男子、善女人雖能以上一切世界盛滿七寶眾具，供施一切眾生功德雖廣，然故不及前善男子、善女人等聞此三昧寶王名字，發起三種隨喜之心，誓願迴向阿耨多羅三藐三菩提所得功德。何以故？不空見！以彼三種由多聞生也，彼多聞從正說起故。不空見！由彼正說故，能生一切善根，即此三昧也。何等三昧能生一切善根？所謂即此菩薩念佛三昧也，又復能生一切善根，亦即正說。何等正說？謂正說時，善說是也。以是義故，彼三種隨喜所獲功德望布施福不可稱量、不可挍比。

「復次，不空見！我念往昔過於無量阿僧祇，復無量阿僧祇劫，爾時世界名動不動，彼界有佛，號曰寶山莊嚴如來、應供、等正遍知、明行足、善逝、世間解、無上士、調御丈夫、天人師、佛、世尊，出興於世，得大自在調伏一切，具足解脫永度彼岸，最上最妙最勝無比，能為眾生作大歸依，能與眾生為大覆護，能治眾生諸煩惱病；通達三世無不明了，以自證法為眾生說，其所說法初中後善其義深遠，其言巧妙純一無雜，具足清白梵行之相，為諸眾生常如是說。時彼寶山如來、應、等正覺住一王城，城名伏怨，與三十億那由他百千聲聞大眾皆是學人，當有所作，當有所斷，當有所得，應受世間天人供養。

「不空見！時彼寶山如來從三昧起，作如斯念：『今我此三十億那由他百千聲聞皆是學人，所作未辦，未到彼岸，我於今者應為此等如法而說，當令一切速得漏盡。』不空見！爾時，彼寶山莊嚴佛廣現如是大神通事，令彼三千大千世界盡皆煙出，猛焰熾然。不空見！爾時，彼聲聞眾覩彼如來廣作如是大神通事，見已歡喜，踊悅遍身，猶如比丘入第四禪，彼聲聞眾身心快樂亦復如是。

「復次，不空見！爾時，彼佛於靜夜中顯示如是神通事已，因即告彼聲聞眾言：『汝諸比丘！應當觀此三千大千世界滿中煙出，又復猛火焰熾焵然。諸比丘！一切諸行無常亦爾。諸比丘！一切諸行苦事亦爾。諸比丘！一切諸法無我、我所，無有堅牢，虛妄不真可破可壞，皆滅盡相。諸比丘！我今略說一切諸行，乃至一切放捨莫著，深生厭離，自然解脫。』

「不空見！爾時彼三十億那由他百千聲聞衆等，蒙彼如來說如是法，如是教誡皆得漏盡，通達諸法。於諸法中無有罣礙，善住諸法度諸疑網，於教師所聽受法已，於諸法中了無所畏，發大聲言：『如是，婆伽婆！如是，世尊！諸行無常。如是，世尊！諸行是苦。如是，世尊！諸法暫住。如是，世尊！諸法破裂不可依止。如是，世尊！諸法熾然，猶如草木及以石壁。如是，世尊！一切諸行乃至可放、可捨、可厭、可脫。』不空見！時彼寶山莊嚴如來以如是神通，以如是說法，以如是教詔三種示現，化諸聲聞衆，令入三解脫門，謂空無相願已。復有三十億那由他百千諸菩薩衆，皆當得成阿耨多羅三藐三菩提。

「不空見！爾時，彼佛為彼三十億那由他百千諸菩薩衆說此三昧寶王，如是顯示已，復為彼天人世間作利益故，經八萬四千億那由他百千歲轉正法輪已，然後於彼無餘涅槃而般涅槃。」

爾時，不空見菩薩摩訶薩白佛言：「世尊！彼寶山莊嚴如來現前教化幾菩薩眾，復佛滅度後，法住幾時耶？」

佛告不空見菩薩摩訶薩言：「不空見！於此三千大千世界所有星宿其數可知，然彼寶山莊嚴如來、應、等正覺邊際數量難可得知，而彼如來般涅槃後，正法住世滿八十億那由他百千年，像法住世二十億歲。其後未幾，復有佛出，名曰慈行如來、應、等正覺，出現於世，壽命無量，其佛身量滿一由旬。

「爾時，眾生身以量足長六拘盧舍，其蓮花床大者高十三由旬，小者猶高六由旬，遍滿大地；所有眾生往返周旋、行住坐臥皆各在於蓮花之上。爾時，世界名盛蓮花，其地柔軟猶如羊毳毛，眾生觸著如天妙衣，其色光澤狀忉利天黃白之石。彼諸眾生等受快樂，亦如他化自在天宮，彼諸眾生欲度東海，瞬息之間便到彼岸，南西北海駿速亦然，彼諸眾生凡所之從，發心即至。

「而彼慈行如來初成佛時，其地廣博盡四海邊，時彼大地縱廣正等滿八十億那由他百千由旬，諸聲聞眾皆悉充滿，諸阿羅漢多一坐食，唯除侍者阿難及金剛密迹、阿斯多等。復有八十那由他諸大菩薩摩訶薩衆，一切皆住不退轉地，彼諸菩薩請問甚深妙定法門，而彼慈行如來為諸菩薩開發顯示深法門時，慈行世尊唯出一音，即說斯偈：

若人方便求出家，應當一心思妙法，彼必摧壞惡魔軍，猶如香象破草屋。

誰求疾成大菩提，應為世間常說法，而欲淨斯最勝地，此三昧樂則能為。」

大方等大集經菩薩念佛三昧分卷第九

大方等大集經菩薩念佛三昧分卷第十

隋天竺三藏達磨笈多譯

說修習三昧品之餘

「時彼慈行如來大化將末，有一比丘名曰樹王，廣為衆生說此三昧，示教利喜。於彼如來、應供、等正覺滅度之後，正法之際，有轉輪王名曰天主，具足威德，有大神通，七寶金輪正法治世。不空見！彼天主王所居大城名曰因陀羅跋帝（隋名天主城，亦名帝幢），縱廣正等十二由旬，其城內外樓、觀臺、殿皆以七寶雜色所成，復以金廊而覆城上。不空見！彼城四面各有三門，若說其城諸莊嚴事，如上所說精進力王善住大城，莊嚴華麗殊妙無差也。

「不空見！後於一時，夜過半已，彼天主王睡猶未覺，有淨居天下降王所，令王夢見，即於夢中為王說此念佛三昧法門名字：『大王！汝應求此念佛三昧，何以故？若諸菩薩摩訶薩能得成就此三昧者，常不遠離諸佛世尊，亦於世間、出世間文字、章句、音名、語言皆悉明了，具足辯才，自然速成阿耨多羅三藐三菩提。』

「不空見！時天主王夢見天已，即便覺寤，白彼天言：『諸天人輩！如是三昧誰能持者？』彼天報曰：『大王！汝寧不聞耶？今有比丘名曰樹王，現能受持如斯三昧，廣為世間分別演說，利益一切人天大眾。』

「不空見！彼天主王當得聞此三昧名時，即能受持思惟觀察，并亦誦念彼比丘名。過是夜已，即於晨朝，捨四天下金輪王位，亦復棄捨八十億百千那由他後宮妃后女侍之屬，又盡放棄五欲眾具，斯皆為是三昧王故。王時復與九十六億百千那由他眾生求彼比丘捨家出家。

「不空見！時彼樹王比丘與四部眾、天、龍、夜叉及人非人周匝圍繞，復有九十億欲界諸天左右聽法，復有八十那由他諸菩薩眾在前讚說，是三昧王分別解釋顯其義趣。

「彼天主王至其所已，即以眾寶散比丘上，然後方始五體投地，一心頂禮彼比丘足；又以八十寶箱各容一斛，盛滿金花，奉散其上。復以天花，所謂優鉢羅花、鉢頭摩花、拘物頭花、分陀利花、曼陀羅花、摩訶曼陀羅花，用散其上。復以天諸妙香，所謂天沈水香、多伽羅香、多摩羅跋、牛頭栴檀、黑沈水栴檀、末香等，用散其上。廣設如是眾供具已，然後請為比丘弟子，即於是日，與九十六億百千那由他臣佐民人，在比丘前剃除鬚髮，服袈裟衣，厭世出家，皆為求此妙三昧故。是後其天主比丘常得與彼九十六億那由他百千眷屬比丘，親近供養恒河沙等諸佛世尊，亦皆為此勝三昧故。

「不空見！爾時，彼天主比丘經八十四億那由他百千歲，以種種眾具供養事彼樹王比丘求此三昧，讀誦受持、如說修行，教諸弟子終不暫懈，又彼眷屬比丘大眾勇猛精進亦無倦心。不空見！彼天主比丘及其眷屬，於樹王法師生尊重心，起諸佛想，聞說妙法一心受持，長夜精勤初不休息。彼樹王比丘皆悉成就彼九十六億百千比丘行菩薩行，住不退地，然後滅度，彼諸眷屬皆亦命終。

「時復有佛名閻浮幢如來、應供、等正覺出現於世，而彼天主比丘與諸眷屬而更於彼閻浮幢如來、應供、等正覺所，勤求諮問如此甚深三昧經典，讀誦受持、思惟其義、如說修行、為他解釋，利益世間一切天人，為證無上大菩提故。又彼天主比丘為此無上勝三昧故，廣分別說諸佛所宣甚深經典，過三千劫已，然後作佛，又能教化無量大眾，皆得成熟畢竟安住不退轉地，悉受阿耨多羅三藐三菩提記。」

佛告不空見：「汝今當知！爾時彼天主王者豈異人乎？即今之最上行如來、應供、等正覺是也，是故汝今不應疑惑。

「復次，不空見！汝當一心思惟觀察此三昧王善根淺深，功德少多，吾今為汝少分說耳。若彼世間無量無邊億那由他百千眾生，但能耳聞此三昧名，當來必定成等正覺，何況此眾菩薩摩訶薩親於我前，或在我後，聞我廣說此三昧王，若讀誦、若受持、若思惟義、若修行、若能為他稱揚廣說也！不空見！若有菩薩摩訶薩住菩薩乘，聞此三昧經於心耳，彼亦不久必當成就阿耨多羅三藐三菩提；復有初住菩薩乘諸菩薩等，即便速證不退轉地，於阿耨多羅三藐三菩提亦不為遠。

「復次，不空見！譬如夜分將盡，其日未出，東方明相始現之時，閻浮提人莫不歡喜。何以故？知彼日輪不久當現，廣為世間作大照明，令閻浮人咸得覩見，若善、若惡、淨穢諸色得有所作。如是，不空見！若有善男子、善女人，若但能聞此念佛三昧經於耳者，彼輩不久盡得成於阿耨多羅三藐三菩提。是故，汝等於此三昧作決定心，起不壞信，莫生異見，勿懷疑網。

「復次，不空見！如劫將盡，彼第六日現世間時，如是一切三千大千世界大地盡皆煙出；煙既出已，當知不久第七日出，一切世界皆悉焗然。如是，不空見！若有善男子、善女人或已住彼菩薩乘中及未住者，若曾聞此念佛三昧經於耳者，或時讀誦、或有受持、或思惟義、或如說行，乃至或能為他廣說，彼等決定速得成就阿耨多羅三藐三菩提。

「復次，不空見！如人穿井，若見濕土黏污手足，或時復見水泥雜和，智者當知去水不遠。如是，不空見！若有善男子、善女人聞此菩薩念佛三昧，正意受持、諦善思惟、分別義理、廣為他人宣揚解釋，當知彼諸善男子、善女人，不久自成阿耨多羅三藐三菩提。

「復次，不空見！譬如有人吞金剛丸，當知是人不久必死。何以故？彼金剛丸不可消故。如是，不空見！若有善男子、善女人，但能聽聞如是三昧，或復思惟、或常親近、或亦修習、或能宣說，當知彼諸善男子、善女人，不久必成阿耨多羅三藐三菩提。何以故？此三昧者，即是過去、現在、未來三世一切諸如來、應供、等正覺，思惟修習清淨成就真實金剛，無有虛偽，不可破壞，復能教化諸菩薩輩令其安住，以諸菩薩必能安隱住於大乘故。

「復次，不空見！譬如三十三天見歡喜園皆生安樂。如是，不空見！彼一切菩薩摩訶薩皆因聞此三昧名字故，能速成阿耨多羅三藐三菩提；以是三昧法門名字，往昔諸佛之所讚歎，為他廣說，釋解理義，開發顯示名味句身，具足圓滿，安住法界，擁護攝持，諸大菩薩教化增長，令樂真道，正直淳和，常受安樂。不空見！以是因緣，汝應知此，若諸菩薩聞此三昧暫經心耳，如是諸善男子、善女人不久當證阿耨多羅三藐三菩提。不空見！吾故語汝，汝當善知！若諸菩薩摩訶薩聞此甚深念佛三昧能受持者，彼等善男子、善女人自然疾成阿耨多羅三藐三菩提。

「復次，不空見！汝應受持如是三昧，常念為彼一切世間比丘、比丘尼、優婆塞、優婆夷，及諸國王、大臣、宰相、剎利、婆羅門、毘舍首陀、一切乞士，并餘種種外道、尼犍、遮羅迦、波利婆闍迦等頒宣廣說。何以故？以此三昧大德威力，能令彼等速成阿耨多羅三藐三菩提故。

「復次，不空見！若有善男子、善女人淨信敬心，分明知此念佛三昧，過去諸佛之所讚歎，一切如來之所印可。如是知已，當即讀誦，當即受持，當即修行，當即敷演。復應當作如是思惟：『*念此三昧為不思議大功德聚。』如是思已，當更信敬，當更尊重，當更深入，當更證知。所以者何？今此三昧乃是一切諸佛之所說也，一切諸佛之所行處也，一切諸佛之所印可也，一切諸佛之正教也，一切諸佛之辯才也，一切諸佛之所覺也，一切諸佛之選擇也，一切諸佛之所作也，一切諸佛之財寶也，一切諸佛之府庫也，一切諸佛之伏藏也，一切諸佛之倉廩也，一切諸佛之印璽也，一切諸佛之舍利也，一切諸佛之體性也。

「不空見！若彼善男子、善女人等，能如是知，即得無量無邊善根，緣此功德，所生常處大剎利家、大婆羅門家，及餘一切大威勢家、大尊重家、大德天處，乃至當證阿耨多羅三藐三菩提。何以故？不空見！由此三昧具足，能得不思議出世間果報聚故。不空見！彼善男子、善女人，若但耳聞此三昧名，當得無量無邊福聚，亦復當作無量無邊福行，然彼所得福聚善根，福行功德廣大甚深不可挍計、不可算數、不可稱量、不可得知。

「復次，不空見！言粗若此，義尚未明，我今為汝更引譬喻，令諸智者少分解之。不空見！若有菩薩摩訶薩專心信樂修行檀波羅蜜，日三時施，於日初分以神通力故，即令七寶及餘眾具充滿於彼恒沙世界，還用奉上恒沙如來、應供、等正覺，及諸弟子聲聞眾等。如日初分如是行施，日中後分行施亦然；日別如是三時行施，乃至經彼無量無邊億那由他恒河沙劫，而常行是無有休廢，亦復求於阿耨多羅三藐三菩提。不空見！於意云何？彼菩薩摩訶薩能於如是長時行施，所獲功德可謂多不？」

不空見言：「甚多！世尊！無量無邊、不可算數、不可稱量、不可思議也。」

時，佛復告不空見菩薩言：「不空見！吾更語汝，汝宜諦聽！假彼菩薩摩訶薩如是修行檀波羅蜜，所種善根、所獲福聚實為廣大，然猶不及斯善男子、善女人但能耳聞此三昧名，或時書寫、或時讀誦、或時信解如來所說深妙法門少功德也。不空見！然此善男子、善女人，但以聞名所獲功德，尚超前福無量無邊、不可稱量、不可挍比，何況彼善男子、善女人，具足得聞是三昧，能即書寫、讀誦、受持、思惟義理，善能為諸人天大眾宣揚廣釋也。不空見！汝今當知！我但略說三昧功德，若欲廣說此定善根，假經多劫，終不能盡。」

菩薩念佛三昧分諸菩薩本行品第十五

爾時，不空見菩薩摩訶薩、善現菩薩摩訶薩、善喜光菩薩摩訶薩、無邊見菩薩摩訶薩、無邊莊嚴菩薩摩訶薩、無邊幢菩薩摩訶薩、無邊光明菩薩摩訶薩、無邊稱菩薩摩訶薩、無邊禪菩薩摩訶薩、無邊智菩薩摩訶薩、無邊發王菩薩摩訶薩、無邊自在王菩薩摩訶薩、思惟最勝無邊菩薩摩訶薩、思惟一切法意菩薩摩訶薩、思惟虛空意菩薩摩訶薩、思惟無礙意菩薩摩訶薩、無邊寶意菩薩摩訶薩、能滅一切怖畏菩薩摩訶薩、善淨意菩薩摩訶薩，如是等菩薩摩訶薩為首，與九十億那由他百千菩薩摩訶薩俱從座起，偏袒右肩右膝著地，合掌恭敬，而白佛言：「世尊！我等從佛聞是菩薩念佛三昧功德利益，我等要當躬自書寫，讀誦受持，思惟義理，廣為他說，亦令他人如說修行。何以故？我等為欲攝受阿耨多羅三藐三菩提故。世尊！我等於此諸佛世尊所說三昧甚深經典，令諸眾生聞已歡喜，我等亦當益其氣力與其安樂。所以者何？彼等若能於是大乘修多羅中，次第修行，聞已書寫、讀誦受持、分別思惟、廣為他說，亦令他人分別解說，必得成就阿耨多羅三藐三菩提故。」

爾時，世尊知諸菩薩摩訶薩等一心念求，遂便微笑，諸佛世尊法如是故。即微笑時，世尊面門放種種光，所謂：金、銀、琉璃、頗梨、馬瑙、車璖、真珠，如是一切諸寶光中，各皆復出無量百千異色光明，皆自世尊面門而出，遍遊十方無量世界，上至梵宮，還住佛頂。如天帝釋建立寶幢，端直光華見者歡喜，時此三千大千世界，莊嚴壯麗微妙無比。

爾時，彼諸菩薩摩訶薩眾見是神變莊嚴事已，咸皆驚歎：「奇哉希有！世尊神通！」

於是眾中有一菩薩摩訶薩，名如意定智神通，即從座起，正持威儀，合掌恭敬，頂禮世尊已，用天沈水香、多伽羅香、多摩羅跋香、牛頭栴檀、末栴檀等奉散佛上；復以天曼陀羅花、摩訶曼陀羅花、天優鉢羅花、波頭摩花、拘物頭花、分陀利花、雞娑羅花、摩訶雞娑羅花等供養世尊已。說偈讚曰：

世尊調御無倫匹，金色相好具足人，光明威德遍十方，狀若林間開花樹。
妙行圓滿智無邊，大威能為世間益，最勝方便願演說，今復微笑有何緣？
世尊無等無邊智，挺超衆類誰能加！無上威德今應宣，何因今日復微笑？
今此世界遍大千，花敷盡若帝天樹，一切衆生皆歡喜，今更微笑何所因？
盲者能視聾得聞，瘂者得言蹇能步，狂亂失心獲本念，今復微笑何因緣？
群獸喜躍悉鳴吼，異鳥歡欣吐清音，衆樂不鼓自然鳴，今者何因復微笑？
一切樂音同時作，本非天人之所鼓，而令人天獲安樂，今更微笑何所緣？
彼天觀人明照此，斯人今亦見彼天，天人交發希有心，何緣今更現微笑？
無上丈夫世依止，大尊今日為我宣，若聞大慈憐笑者，唯深慶幸豈能報。

爾時，世尊即為如意定智神通菩薩摩訶薩宣說大士所有妙問，亦即宣彼恒沙諸如來、應供、等正覺名號，其偈詞曰：

諸善男子等，　聞法王妙聲，　彼六十八千，　悉發菩提願。
亦於當來世，　正法毀壞時，　世尊自護持，　如是深妙典。

我聞大名稱，　終無有厭倦，　不思議法門，　諸佛之所說。
汝聽我今說，　斯諸菩薩衆，　非但一佛所，　發此誠敬心。
我念往昔諸生處，六十六億那由他，爾時皆亦如斯起，唯為護持此深法。
又復過去前於茲，無量恒沙諸佛所，於彼為首修虔敬，最上妙法我護持。
斯諸大士為法故，能捨重命豈愛身，其何甘法不憚苦？獨為菩提無上證！
不可思議恒沙數，無量威德諸如來，彼時上首皆敬起，亦唯愛樂斯法故。
寶光火光大光佛，電光普光不思議，斯輩三等攝持法，為求菩提無上道。
唯我神力能知汝，果報今日皆明現。不空汝久發斯願，經昔無量百千生。
汝於諸佛大師前，不思議行悉圓滿。常業歌讚兩足尊，苦行熏修諸大誓，
由往積集勝因緣，今獲偈歎大法王。往昔世尊號善眼，亦名火幢無邊威，
斯輩彼時為上首，欲求無上正覺故。往昔有佛莊嚴王，剎若他化天宮所，
斯輩多是勝上士，彼時已就大菩提。過去有佛名放光，亦無邊光無量相，
斯輩於彼已為首，初求如是妙三昧。大摩尼珠火光佛，普光明聚調御師，

彼時攝法為首起，求於菩提安樂故。大光日光不思議，無量精進無邊定，
於彼攝法上首起，為求安樂菩提故。善華香佛及金華，無漏如來無諍行，
彼時皆為護法首，為求如是上菩提。如是過去諸如來，無邊智尊*兩足尊，
於彼三種攝持故，祈願最上佛菩提。八萬丈夫通達士，為證第一妙菩提，
斯輩因是勝善根，當來奉侍人中覺。所生常處尊勝家，一切永除諸惡道，
斯等集會為法朋，終不遠離世間覺。長違一切外論師，亦捨一切邪智友，
攝諸功德不可說，此福要登以菩提。當來得值彌勒尊，此輩爾時皆集會，
於是三業持護法，因此能成勝菩提。復於彌勒涅槃後，有佛師子調御師，
亦求彼法三業持，因此得成等正覺。當來千佛無上尊，即是賢劫眾生導，
斯等法師世恒說，因證無礙妙色身。過是賢劫諸佛已，復有正覺無量威，
更有如來厥號賢，及以世尊毗婆尸。賢與毗婆尸滅後，復有佛出名娑羅，
彼時智者皆攝持，廣設眾具興供養。娑羅世尊既涅槃，有佛如來名觀察，
斯輩於彼求法故，而復供養妙法王。觀察如來涅槃已，有佛世尊名遍見，

遍見如來涅槃已，有佛厥名蓮花上。花上如來涅槃已，有佛稱號優鉢羅，
爾時諸智還求法，承事供養兩足尊。優鉢羅佛涅槃已，有佛世尊名曰花，
彼花如來涅槃已，有佛世尊號莊嚴。莊嚴如來涅槃已，有佛世尊名勝智，
斯輩於彼亦求法，興建供養無有邊。勝智如來涅槃已，有佛世尊名善見。
善見如來涅槃已，有佛世尊名善持。善持如來涅槃已，有佛名曰具威儀，
彼亦三種法攝持，唯求證斯菩提道。具威儀佛涅槃已，有佛世尊無量威。
無量威佛涅槃已，有佛世尊名勝王。勝王如來涅槃已，有佛世尊名現前。
現前如來涅槃已，有佛世尊最熾王，爾時此等為法故，廣設供養不思議。
如是未來諸世尊，世間勝智超一切，於己身命無愛悋，但為求證佛菩提。
因藉如斯勝善根，將來奉承勝威德，是佛人中最第一，如彼調御阿彌陀。
於彼殊勝世尊所，即欲修證上菩提，為求法故常精勤，當設無邊妙供養。
彼方所有諸世界，遠離衰惱除五塵，唯求法樂利群生，供養億數恒沙佛。
當來成佛無邊智，能多利益滅衆苦，為求安樂諸衆生，供養無量無邊佛。

當得成佛大名稱，彼剎莊嚴難思議，盡是衆寶人樂觀，猶安樂國殊廣大。
多億那由諸菩薩，咸受佛記人中尊，以不思議諸佛智，如是讚稱大法王。
我於今者為汝說，一切大衆諸天人，其有求於正覺真，終自同彼如來證。
若能願樂勝菩提，彼號上人蒙威護，諸天守衛及龍鬼，鳩槃金鳥并夜叉。
若欲祈願成菩提，心常樂修佛勝道，世尊哀愍如一子，身金色力智多聞。

大方等大集經菩薩念佛三昧分卷第十

菩薩念佛三昧經

菩薩念佛三昧經卷第一

宋天竺三藏功德直譯

序品第一

如是我聞：一時，佛住王舍城耆闍崛山，與大比丘衆一千二百五十人俱，皆是阿羅漢，諸漏已盡無復煩惱，調伏縱任善脫無脫，深知無知所作已辦，逮得無我捨諸重擔，除滅九結決定解脫，諸心自在猶如大龍，唯除阿難。

爾時，難陀天子、修難陀天子、栴檀天子、修摩那天子、自在天子、大自在天子、阿逸多天子、修行天子，如是無數淨居天子於夜後分光色倍常，耆闍崛山欻然大明。時諸天子往世尊所，一心恭敬頂禮佛足，以天細末栴檀之香，多摩羅跋沈水天香，天花鬘香俱修摩等種種花香，以散佛上。重禮佛足，右遶三匝卻住一面，合掌向佛。

時栴檀天子默然生念：「過去諸佛皆為諸天、世人、沙門、婆羅門，演諸佛所說菩薩念佛三昧。」復作是念：「今我世尊亦應如昔過去諸佛，安樂世間諸人天故，宣說菩薩念佛三昧。」

時諸天子俱白佛言：「世尊！過去諸佛皆說菩薩念佛三昧，安樂世間人天、八部，唯願世尊如昔諸佛廣為眾生說此三昧。」

爾時，世尊默然許之。時諸天子遶佛三匝，頂禮佛足，忽然不現。

爾時，世尊於夜後分明相出時，熙怡微笑，作大師子*謦欬☆之聲。耆闍崛山別住諸僧，承佛神力俱到佛所。王舍大城諸比丘尼，蒙佛威聲亦悉同集。摩竭提國阿闍世王先尼梵子與無量億眷屬圍遶，承佛神力，於一念頃俱到佛所。復有阿羅婆迦夜叉、伽陀婆夜叉、金毘羅夜叉、修脂路摩夜叉、摩羅陀利夜叉，如是等夜叉神王有大威力，一一皆有百千眷屬，乘佛神力，於一念頃至耆闍崛山。復有羅睺羅阿修羅王、毘摩質多羅阿修羅王、修婆睺阿修羅王、波呵羅頭阿修羅王及其眷屬，如是乃至三千世界天龍龍王無量無邊，生希有心，肅然毛竪，承佛神力，於一念頃往到佛所。東方世界如恒河沙梵天天王，聞佛謦*欬，肅然毛竪，往到佛所，自餘三方及上下方亦復如是。

時給孤獨須達長者，亦與無數百千眷屬從舍衛城往到佛所。時毘耶離有大長者名曰善思，次名降怨，次名吉祥；復有離車諸王子等，名歡喜象，次名舉象；復有斷事庶士首陀名曰光象，如是一切皆大乘學，與無量眾承佛神力，往到佛所。時瞻婆城有庶士子，名曰庠序，次名饒益，復有大長者子名無量力，如是等眾已於過去種諸善根，有大威德，承佛神力，往到佛所。時波羅奈無量眾生，宿殖德本今已成熟，從波羅奈鱗次相繼，步至佛所，稽首作禮，侍立左右。

是時，拘尸那竭大城無量力士及力士子，已於過去供養諸佛，殖諸善業，具大威德，從拘尸那共相和順，隨路貫次往到佛所，至心恭敬，前頂禮足。是時三千大千世界縱廣正等，佛神力故，一切八部天、龍、夜叉、乾闥婆王、阿修羅王、迦樓羅王、緊那羅王、摩睺羅伽，如是等衆皆來集會，間無空缺。

爾時，世尊見衆已集，復更發大師子之聲，從僧坊出近至異處，遙見彼方其地衆寶。世尊見已，復更微笑。即時世間人、天、阿修羅，各持無量末香雜花以散佛上，至心恭敬，尊重讚歎。是時衆中長老舍利弗、長老大目揵連、長老摩訶迦葉、長老須菩提、長老富樓那彌多羅尼子、長老羅睺羅、長老摩訶金毘羅、長老摩訶迦旃延、長老阿㝹樓馱、長老劫賓那、長老輪盧那二十億子、長老難陀、長老阿難陀，皆有威德具足神通，如是聖衆悉已俱集。

爾時，衆中長老彌勒菩薩、三界菩薩、越三界菩薩、初發心即轉法輪菩薩、善思菩薩、大音聲菩薩、持地菩薩、文殊師利童子菩薩、不空見菩薩，如是等衆無量無邊，已曾供養過去諸佛，深種菩薩無數行願，久發無上菩提之心。

爾時，長老不空見菩薩，欲知如來神通之相，微笑之意，更正衣服，遶佛三匝卻住一面，合掌向佛，即說偈曰：

最勝無為，　兩足世尊，　為調御故，　現斯熙怡。

富能開惠，　令貧滿足，　佛演法施，　明發亦然。

一切世間，　之所歸趣，　以何因緣，　示此微笑？

無上正覺，　願為我說。

爾時，世尊告不空見：「汝見彼處衆寶地不？」

不空見言：「唯然！已見。」

「如是，不空見！彼地乃是往昔諸佛之所遊化。」

時不空見心自念言：「我宜速疾至彼地所，如其相貌，心入三昧。入三昧已，為佛世尊化作種種衆寶法座。」

即如其念，施置座已，往詣佛所，勸請如來，昇此寶座。白言：「世尊！此處皆是往古來今，諸佛如來遊踐之地。」

是時，世尊往到彼處，即就法座。於一念頃如來、應、正遍知力故，此剎三千大千世界六種震動：踊、遍踊、等遍踊，震、遍震、等遍震，吼、遍吼、等遍吼，動、遍動、等遍動，搖、遍搖、等遍搖，起、遍起、等遍起，東踊西沒、西踊東沒、南踊北沒、北踊南沒、西踊東沒、東踊西沒、北踊南沒、南踊北沒，光明遍照無量世界。一念之間，一切眾生乃至阿鼻地獄，悉受快樂。

佛昇法座，如日暉曜，一切世間，之所歸仰，
震動大千，咸生欣悅。佛登寶座，如日顯照，
一切世間，頂戴法王，欲令眾生，普獲安樂。
佛就座已，如日融朗，一切世間，尊承法王，
放淨光明，照諸剎土。奇哉斯乘！乘之最勝，
異哉斯乘！無能過者，暫現之處，已不可量。
善哉斯乘！乘之弘大，乘是乘者，不可思議，
諸天魔梵，所不能測。

爾時，世尊廣長舌相遍覆三千大千世界，普告聲聞及眾菩薩：「諸善男子！一心靜聽！是夜難陀天子、修難陀天子、栴檀天子、修摩那天子、自在天子、大自在天子、阿逸多天子、修行天子，如是無數淨居天子，於夜後分光色倍常，者

闍崛山欻然大明。爾時，諸天來詣佛所，一心恭敬頂禮佛足，以天細末栴檀之香、多摩羅跋沈水天香、天花鬘香、俱修摩等種種花香，以散佛上，重禮佛足，右遶三匝卻住一面，合掌向佛，供養恭敬，尊重讚歎。

「是時，栴檀天子默然生念：『過去諸佛、應、正遍知皆為人天、沙門、婆羅門，敷演諸佛所說菩薩念佛三昧。今我世尊亦應如昔過去諸佛安樂眾生，宣說菩薩念佛三昧。』時諸天子作是勸請，我默然許。如是，比丘栴檀天子、難陀天子、無量淨居諸天子等，知我許已，忽然不現。」

爾時，世尊即說偈言：

告諸比丘，　於後夜時，　諸天身色，　光炎倍常，
耆闍崛山，　欻然大明，　供養尊重，　圍遶世主。
難陀天子，　善憙天子，　善意天子，　栴檀天子，
自在天子，　及大自在，　阿逸天子，　善行天子，
如是無量，　淨居天子，　有大神力，　來至我所。

廣設種種，珍妙供養，皆共恭敬，右遶三匝，
頭面禮足，卻住一面。栴檀天子，默然住已，
發心欲為，教化眾生，請說菩薩，念佛三昧。
往昔諸佛，已曾說故，善哉釋迦，十力如來，
說三摩提，欲令一切，得安樂故，佛默然許。
時諸天子，已知垂允，我亦於此，耆闍崛山，
如過去佛，所說三昧。時諸天子，已知如來，
默然許之，歡喜快樂，右遶三匝，禮足而去。
比丘聽我，所演三昧，如昔諸佛，莫生疑惑。
如來智慧，不可思議，過去諸佛，最上菩提。
於諸知見，心無疑網，如今現在，第一菩提，
我皆了知，心無滯礙，若當來世，欲成菩提，
欲為憐愍，將來世故，我亦明曉，心無毫疑。

是故如來，　深解無窮，　智力無礙，　不可思議。
如彼所知，　我悉究盡，　一切衆生，　不測其奧。

菩薩念佛三昧經不空見本事品第二

爾時，世尊告長老舍利弗、長老目揵連、長老大迦葉、長老須菩提、長老富樓那彌多羅尼子：「諸天、世人皆已來集，汝等比丘各昇法座，作師子吼。所以者何？此衆多有諸聲聞人，聞師子吼，悉得解脫。」

爾時，世尊告彌勒菩薩、越三界菩薩、不思議菩薩、不空見菩薩：「汝等即時請如來演諸佛所說真實功德師子吼音。」

不空見言：「如是，世尊！唯然已聞。」

即說偈讚：

身色如金，　百福莊嚴，　為憐愍故，　了達真諦。
功德具足，　名譽遠流，　今日世尊，　以何因緣，

於大眾中，令我請問？正覺無倫，最上莫過，
功德法王，大智難窮，調伏世間，以何因緣，
於大眾中，令我請問？如來淨戒，定智解脫，
解脫知見，悉皆無等，今我善逝，以何因緣，
於大眾中，令我請問？威德無比，得度彼岸，
法王世尊，能為眾生，作大利益。善逝何因，
於大眾中，令我請問？百劫修慈，習近悲處，
辯才無滯，善逝何因，於大眾中，令我請問？
最上法王，普利群生，貧者得富，盲者得視，
楚毒永息，恐畏獲安，以何因緣，令我請問？
佛身淨妙，塵垢不污，如來之衣，種種雜色，
世尊族姓，王中之王，以何因緣，令我請問？
佛所著衣，去身四指，而不離身，身能降怨，

以何因緣，令我請問？如來行處，無諸坑坎，
智慧力故，所履皆平，以何因緣，令我請問？
如來之身，不增不減，行步平正，不邪不曲，
妙絕常倫，難可思議，以何因緣，令我請問？
仰瞻尊顏，目不暫徒，佛行不假，神足之力，
威儀自然，庠序可觀。若為魍魎，之所捉持，
迷悶失心，無所覺省。若覲世尊，於一念頃，
諸惡永離，還得正念。若有衆生，觸佛足塵，
於七月中，身心快樂，命終之後，得生善處，
歸命世尊，施一切樂。若有人病，極受衆苦，
佛以手摩，即得除愈。善逝曠劫，悉得一切，
不可思議，無數安樂。佛昔勇猛，攝取當來，
無量劫中，所得淨法，我於是處，無疑異心，

以何因緣，　　令我請問？　　過去當來，　　天中特尊，

今遇調伏，　　人中大仙，　　以何因緣，　　令我請問？

爾時，世尊告不空見：「諦聽！諦聽！善思念之。」

不空見言：「唯然！」

世尊告不空見：「我憶往昔無央數劫，爾時，有王名無量力，有大神通勢力自在。是王住處造立大城，城名善建，縱廣正等十二由延，其城七重，面有三門，門城皆以金、銀、琉璃、頗梨、馬瑙、真珠、珊瑚莊校嚴麗，塹亦七重皆悉七寶。是諸門外，以金銀沙布飾其地，一門兩邊各有金銀，四闕相對。

「如是，不空見！又以金銀作大羅網，彌覆門上，金網處處懸於銀鈴，銀網往往垂於金鈴，風吹鈴網，皆作箜篌樂器之聲，宮商調暢，更相應和。王造城已，安處其中。斯城塹外有七池沼，金、銀、頗梨、珊瑚所成。此諸池沼有七階道，亦是七寶之所莊校：金階道者銀為欄楯，銀階道者金為欄楯，銀為階道真珠欄楯，真珠階道琉璃欄楯，頗梨階道珊瑚欄楯，珊瑚階道真珠欄楯，真珠階道金為

欄楯。如是，不空見！無量力王植衆奇花，優鉢羅花、鉢頭摩花、拘物頭花、分頭利花、那梨尼花，香氣調柔，無悋惜者，隨意採之。其池岸上種種花樹，所謂伊曾花樹、尼曾花樹、迦多曾尼花樹、阿提目多迦花樹、瞻蔔花樹、婆利師花樹、拘毘陀羅花樹、陀毱迦梨花樹，此諸花樹氣若天香，亦無守護，隨意而取。

「又不空見！是善建城有多羅樹七重行列，悉以七寶，互相間錯：金多羅樹，銀葉花果；銀多羅樹，赤真珠葉，花果亦然；白真珠樹，琉璃為葉，花果亦然；琉璃樹者，頗梨為葉，花果亦然；頗梨樹者，馬瑙為葉，花果亦然；馬瑙樹者，赤真珠葉，花果亦然；赤真珠樹，珊瑚為葉，花果亦然；珊瑚樹者，金為其葉，花果亦然。不空見！風吹諸樹，更相振觸，出微妙聲，譬如樂師善能擊發五種之音。又不空見！王所住處，如是衆聲恒不斷絕：象聲、馬聲、車聲、軍聲、螺聲、鼓聲、簫聲、笛聲、箜篌、琵琶、歌舞之聲，如是衆聲未曾暫廢。王常宣令境內人民，若有所須衣服、飲食、象馬、車乘，恣隨其意，一切給與。多羅樹間常出樂音，諸人遊之，五欲自娛。王視國人如父念子，一切奉王猶若慈父。

「又不空見！善建城內開諸街巷、鄽邑市肆，處處復有四寶池沼，其池相去盡一箭道。是池四岸，衆寶階陛，金階銀欄，銀階金欄，頗梨珊瑚間錯亦然。又不空見！王於諸池植衆名花，復於池上種雜花樹，伊尼曾花樹、迦曇婆花樹、阿提目多伽花樹、瞻蔔花樹、陀衆迦利花樹，芳如天香，亦無惜者。城內又建諸園林觀，種種花果行列其間。復於園中四方周匝，處處皆有諸妙花池，亦以七寶莊嚴如前，有衆婇女更相娛樂，一切人民恣意遊適。

「又不空見！無量力王族姓豪傑，大剎利種所生父母，乃至七世胄胤相承，悉皆清淨，容色端雅人中獨絕，財寶巨億不可稱計。又不空見！無量力王深信弘惠，虛心大施，施諸沙門及婆羅門，乃至盲聾瘂殘百疾、貧窮、孤獨、困厄之人。王所統領八萬四千城邑聚落，淨業果報，七寶莊飾。一一城上，復造八萬四千栴檀衆妙樓櫓。是諸門外開四衢路，路首悉起嚴麗臺觀，一切人民任意遊戲，常於*初夜樓觀、臺殿、巷陌、鄽里，悉然燈燭，其明猛盛遍照國界，衆生蒙光身心快樂。

「又不空見！王有二子，一名師子，二名師子意，久發無上菩提之願，名稱遠聞具大威德。爾時，有佛號曰寶肩如來、應、正遍知、明行足、善逝、世間解、無上士、調御丈夫、天人師、佛、世尊，出現於世，作是唱言：『我於今世及以後世沙門、婆羅門、天、人、阿修羅大衆之中，一切知見普為群生說諸妙法。』初中後善，語善義善，具足清白梵行之相，與大羅漢七百千萬億，皆具神通威德自在。寶肩如來於晨朝時，齊整衣服，執持應器，比丘翼從，入城乞食。時無量力共其二子，在高樓上歡娛受樂，王遙覩佛功德相好，生奇特心，欣躍無極，眷屬圍遶，俱到宮門，告其二子：『速賫香花、幢幡、伎樂，疾至佛所。』即以牛頭栴檀末香諸妙珍異，以供養佛及比丘僧，右旋三匝，頭頂禮足，卻住一面。

「又不空見！王與二子請寶肩佛及聲聞衆，盡其形壽施諸所安。寶肩如來於天人中，教化已周，將般涅槃。時王知佛不久住世，與其二子臣民眷屬，前後導從至涅槃所。如來爾時滅度已訖，頭面敬禮，悲號啼哭，以身投地如大山崩，作是唱言：『世間眼滅，重更哀嗟世間眼滅！如來涅槃一何駛哉！猶商失主，佛滅亦然。』世間黑闇，盲無慧目，搥胸拍頭，舉聲大叫，嗚咽抆淚，告其二子辦諸香湯洗浴如來。又以種種妙香塗身，一切散花及諸花鬘，無量妙衣纏如來身，七寶為棺，以鐵為槨，聚赤栴檀高一由旬，縱廣正等一拘盧舍。復以花香散於積上，蘇油千器以灌栴檀，然後起火，火既發已，復更號慟，灑淚如雨。

「爾時，師子作是念言：『世尊涅槃，我生何為？亦當隨佛入於涅槃。』立此誓訖，重以種種珍妙香花散於積上，白氎纏身手執火炬自投火中，火即猛盛，為利衆生，歸依世尊，而說偈願讚詠如來：

如大珍寶聚，　世間之所尊，　生死苦永盡，　於斯般涅槃。
自從今已往，　不覩轉法輪，　我所奉法王，　已入於涅槃。
宣揚廣大義，　不可復重布，　何當在大衆，　聞說於菩提。
諸天及世人，　歡喜讚善說，　我於今日後，　絕不思議聲。
世間勝調御，　於此而沈淪，　龍神阿修羅，　及以緊那羅。
欣悅常歌歎，　不復聞斯音，　貧者得滿足，　苦惱蒙救護。

世尊今涅槃，悉喪所依怙，父王無量力，及弟師子意，
亦復無慈蔭，更不聞說法，我亦隨世尊，速取於滅度。
世間無明*導，何用苦生為，今焚此毒身，願獲不思議。
我昔與父王，常於長夜中，勤供佛法僧，今得獲果報。
若我於佛所，修習諸善行，為調伏世間，得不思議故。
為令諸眾生，發不思議願：世尊般涅槃，我投火盛時。
若人見聞者，一切得成佛，唯除邪謗人，及證正位者。
若我修菩薩，廣大無量行，眾生夢見者，皆令得佛道，
唯除邪謗人，及證正位者。此身如聚沫，要當必有死；
一切眾生類，若食我肉者，是等不可量，疾當得成佛。
我修菩薩行，惡口罵詈者，是人值調御，必當得成佛，
唯除邪謗人，及證正位者。若人於我身，修於慈悲觀。
求第一菩提，速得成佛道，唯除邪謗人，及證正位者。

以是燒身緣，為求彼此願，若我心真實，即還見佛起。
設得更覲佛，如先住世者，我身投火中，猶前侍佛時。
佛起如真身，今覲不異昔，爾乃證諸佛，相續常不斷。
唯願普眼尊，愍攝於世間。佛知王子心，渴仰甚殷重，
即於焰聚中，奮大神通力，如從三昧起，光明倍明顯。
不可思議衆，咸歎未曾有，廣為時會人，更作大利益。
所化既已畢，還入於涅槃，師子既見佛，示大威神力。
身心甚欣悅，坦然快安樂，深知諸佛法，不可得思議。
如來雖涅槃，猶應衆生願，不思議戒定，智慧與解脫，
及解脫知見，神化不可量，歸依於世尊，然後當放身。
世間妙威儀，最勝無倫匹，自在諸神力，亦復無等雙。
如來還涅槃，一切咸驚惋，是故我至心，歸依普眼尊。
歸命於善逝，累盡無為主，歸命永離苦，憐愍於世間。

正智遍觀察，　了達知他心，　除諸煩惱病，　成就無量眾。
大醫人中尊，　施不思議藥，　能善除世間，　一切眾疾苦。
歸依無上師，　哀矜眾生者，　若我讚如來，　一念之功德，
燒身微毫善，　須臾供養福，　如是諸淨業，　願施於一切。

「如是，不空見！時天魔梵及餘一切世間人民，悉見師子投身盛火，皆大悲愕，生奇特心。命終之後即生梵天，有大神力威勢自在。是梵爾時中心念言：『云何忽然來生此間？』重更思惟：『往昔人中，已曾奉侍寶肩如來，至心恭敬尊重讚歎。佛涅槃已，燒身供養，復說偈頌，發弘誓願，乘此善業，得生梵天。我今當往至燒身所。』是梵即時忽然不現，譬如壯士屈申臂頃，便到如來闍維之處。以天栴檀沈水碎香，俱修摩花多摩羅跋，種種香花不可稱數，遍散空中如雨而下，十方交紛若風旋雪，供養寶肩如來舍利，向無量力說其本緣：『我是王子師子之身，投火供養，命過之者。唯願大王不加慈念，我今已蒙獲諸善利，由昔至誠虔恭奉侍，尊重歌歎寶肩如來功*德果報，得生梵天。是故，大王與師子意應

共珍敬受持妙法，收取舍利，分布供養無令遺落，而生懈怠。大王！當知我生梵天，亦常敬持受此勝法。』作是言已，忽然不現。

「又不空見！無量力王與師子意，取水滅火，以諸妙香、衆花、寶鬘、幢幡、伎樂、種種供養，須臾之頃，周遍八萬四千城邑，悉起八萬四千塔廟，皆以七珍莊校嚴麗。是諸寶塔高一由延，縱廣正等一拘盧舍，於一一塔周匝各然，八萬四千衆香油燈。是諸塔間，復以種種香花、伎樂、供養如前，尊敬受持如此妙法。無量力王以是善根與師子意，經歷八萬四千劫中，不墮惡道，又於八萬四千億劫，親近供養六萬諸佛，次第奉敬，常不斷絕，世世恒作轉輪聖王。

「又不空見！寶肩如來涅槃之後，時有菩薩現於世間，名普密王，為愍世間出家學道，菩提樹下結加趺坐，一心定意正智解脫，豁然大寤得無上道。又不空見！是師子梵至普密王佛世尊所，住在虛空，以天栴檀供養於佛，右遶三匝，稽首作禮，請轉法輪，而白佛言：『唯願世尊從道場起，摧諸魔軍，於淨神智無所毀損，願世間師哀從定寤，調御有解諸聲聞衆，開演美妙善逝之法。如來前身久修智慧，攝受善法，今為人尊，過去世中已發弘誓，願得佛時，當度未度。今願已滿，得安隱處，最勝無為寂然妙樂，當開甘露，解衆三結。』爾時世尊默然許之。

「時彼大梵及無數天，既知如來當轉法輪，咸共歡喜踊悅無量。梵天于時設諸妙供，即發大願求無上道，遇普密王應正遍知，生我淨妙功德之聚，以此果報於生死中，常得親近覲十方佛。若我供養佛菩提樹，如是種種所修功德，願慈愍故，為我說法，以此果報於生死中，常得讚歎諸佛塔廟。又不空見！師子王子燒此一身，以是功德所修善根，恒住梵世，值五千佛，供養敬侍，尊重讚歎，殖諸善根發不思願。汝不空見！莫生此疑，時無量力王豈異人乎？我身是也。」

時，不空見即白佛言：「是二王子，為今現在，為已滅度？唯然世尊願為說之。」

告不空見：「爾時王子師子意者，彌勒是也；時師子者，汝身是也。王子師子捨此一身，寶肩如來佛法之中，教化成就三萬衆生，安住阿耨多羅三藐三菩提心。」

爾時，世尊即說偈言：

憶念宿世時，寶肩無量眼，出現於世間，廣利一切衆。
金色百福嚴，慈矜哀愍故，深解真實諦，為度諸世間。
顯示甚深法，濟苦惱衆生，寶肩正遍知，一切世間尊。
三輪善逝衆，七十二億千，與是諸大衆，入城共分衛。
昔有大國王，名為無量力，自在大威德，勢能伏一切。
其王與二子，俱遊高臺觀，王於臺觀上，遙覩調伏仙。
寶肩天人師，翼從諸比丘，時王與二子，速迎人中尊。
既至如來所，即廣設妙供，頂禮遶三匝，卻立合掌住。
請佛及衆僧，盡壽奉所安，衣服及餚饌，極世之珍異。
八萬四千歲，奉施未常息，時王及二子，靜心求菩提。
時佛既滅度，收取尊舍利，為彼寶肩佛，敬造七寶塔。

八萬有四千，微妙甚端雅，一一佛塔然，八萬四千燈。
時王無量力，復於善逝處，香花衆伎樂，深心以供養。
已種不思議，無量諸善根，歷事六萬佛，一切世間依。
至誠求第一，無上勝菩提，比丘莫疑惑，往昔有國王。
汝善聽慧者，勿生於異見，時彼無量力，今則我身是。
雜花及衆香，晝夜明諸燈，為利閻浮提，供養諸如來。
布施恒不足，聞法亦復然，曾無嬾惰意，一心求菩提。
寶肩正覺尊，無上大明智，汝昔曾燒身，供養於大仙。
自投猛焰中，初無畏苦心，燒身如然炷，以油渧其上。
漸漸不頓盡，譬如淨燈炷，為利衆生故，供養涅槃佛。
彼佛已燒身，汝知方便請，覩佛從火起，光明更明顯。
見佛不異昔，心生恃怙想，即時捨此身，為益一切故。
若我果斯願，敬佛亦如前，所獲諸功德，不可得思議。

我若有宿願，攝受先世業，合集百千萬，必當得見佛。
我願若真實，佛應從火起，佛智甚清淨，究竟無染著。
澹然常寂滅，相續恒不斷，知師子心淨，亦先照其意。
佛便從火起，相好更殊特，不空見菩薩，世間怙既起。
一切願無餘，彼復發誓願，其願不思議，不可得稱數。
法主矜世故，起於猛焰中，善逝難思力，光明更殊勝。
彼時一切衆，皆悉懷驚愕，淨心發高歎，欣躍未曾有。
奇哉大神通，勢力無倫匹，甚深佛境界，不可得思議。
一千諸衆生，見此神變已，於諸法不受，善得心解脫。
不空見當知，師子為世間，請佛還起時，一千諸衆生，
於彼善逝處，覩佛神變化，其心正趣向，無上菩提道。
大悲為世間，廣作利益已，佛還入涅槃，師子亦捨身。
即於命終時，忽然生梵天，梵天從上來，以天栴檀末，

散之以供養，如來闍維處。寶肩滅度已，有佛普密王，
最勝人中尊，天王之大仙，哀愍衆生故，出現於世間。
是佛坐道樹，得成菩提已，梵天設美饍，供養於世尊。
頭面接足禮，請佛轉法輪，普密王如來，即知梵天心。
默然而許之，梵天大欣慶，復於燒身所，更發諸大願。
是梵已曾修，不可思議善，昔於一劫中，供養五千佛，
至心敬世尊，奉持人中尊。又告不空見，慎莫懷疑惑，
汝若有聰慧，勿生於異見，昔日梵天者，今即汝身是。
過去五千佛，善逝般涅槃，我悉明見汝，一一諸佛前，
燒身以供養，求第一菩提，過去多千佛，滅度遺舍利。
如是諸佛所，捨身及手足，為利衆生故，修習菩薩行。
近世及遠世，我悉咸了知，常於百千生，勤修諸苦行，
佛在及涅槃，汝願恒滿足。復告不空見，如此諸大願，

攝取過去世，無量百千生，我住自在力，今悉照知之。
汝聖果成就，即時皆明見，攝取不思議，真實諸行等。
住佛前讚歎，供養兩足尊，是故今勸請，衆聖之法王。
普密王佛所，攝取最勝願，蒙佛現神通，汝今獲此果。
不空見菩薩，白言牟尼尊，百千生諸願，云何得攝取？
願少為敷折，令我得開解，不空見昔誓，雷音成佛時。
見坐菩提樹，我當請說法。先佛名帝幢，普眼之世尊，
一切諸衆生，所共歸依處，是時廣發願，求無上菩提。
為日光如來，作大七寶輪，汝時於彼處，已發最勝願。
不空見菩薩，此願我悉知，造七寶僧坊，雜色以莊嚴。
奉今修伽陀，廣施未來佛，發此誓願已，即時而捨去。
第一衆尊佛，人中上師子，名不可思議，善生之世尊。
奉上七寶蓋，端飾甚微妙，天中天大仙，蓋身普眼佛。

明燈供養已，是處發大願，近世及遠世，多有諸如來，
千億那由他，其數復倍上，於是諸佛所，發無量大願。
令一切衆生，悉獲快安樂，普密王佛前，先生如是念。
我今說汝昔，修行至菩提，願一切大地，皆生種種花。
雲雷音佛所，為利世間故，爾時發誓願，若有諸衆生，
聞我名字者，一切皆得佛。於帝幢佛所，設大珍妙供，
復發諸善願，若眼見我者，於此世界中，皆當得成佛。
在日光佛所，奉上七寶輪，無量大光焰，炫晃甚輝麗，
時復發願已，誓生佛剎土，七寶嚴僧坊，雜色甚雅好。
以此珍奇特，奉施於善逝，又發誓願已，得天妙宮殿，
斯處快歡樂，皆悉成佛道，人中師子王，無上如來所。
奉上珍寶蓋，發於殊勝願：願諸衆生類，不為日所曝，
身心得安樂，無復熱惱患。蓋身善逝所，供施燈明已，

復發弘誓願，若我命過處，眾生食肉者，願皆成佛道。
若聞我名者，無有貪悋心，乃至夢中聞，亦無愛惜意，
一切成佛道，唯除見諦者。若眼見汝者，除諸貪嫉意，
晝夜夢見時，亦捨染悋心，一切當得佛，唯除見諦者。
若有愍念汝，或生憎嫉者，是等於汝所，當得佛法王。
若汝臨終時，又勤求菩提，我今如實說，汝之真功德，
必於當來世，獲是無上尊。若有處水陸，空行眾生等，
食我身肉者，願悉得成佛。我已知汝為，安樂眾生故，
勤修菩薩道，滿足大千行，眾生多疑謗，是故不顯現。
如此眾生類，即時於是處，若得信念等，及以歡喜心。
悉當成正覺，唯除見諦者。若人願樂見，世間所尊怙，
或樂轉法輪，有樂*免眾苦，是人為菩提，利益故發心。
若有樂供養，三世諸法王，若人欲出生，一切功德聚，

如是衆生等，　應持此三昧。

爾時，世尊說是偈已，即從坐起，還入僧坊，於常靜室右脇而臥。

菩薩念佛三昧經卷第一

菩薩念佛三昧經卷第二

宋天竺三藏功德直譯

神通品第三

爾時，長老舍利弗、長老目揵連、長老阿難、諸天、魔、梵及阿修羅、沙門、婆羅門、閻浮提人咸生是念：「今日如來、應、正遍知以何因緣於大衆中，直說念佛三昧名字，不為一切廣演分別，便從座起而入靜室？」

時不空見心自念言：「諸天、魔、梵悉已集會，世尊今者右脇而臥，我當微現神通變化，示神通已，種種讚歎，宣揚如來大悲功德。當如其相攝心入定，以是定力變此三千大千世界地平如掌，皆作衆寶微妙雜色，復列八道七寶諸樹，金多羅樹銀葉花果，銀多羅樹琉璃花果，餘寶莊嚴亦復如此。一切佛刹懸繒幡蓋、妙幢、寶鬘種種綺飾，優鉢羅花、鉢頭摩花、拘物頭花、分陀利花，如是諸花布一切處。」

時不空見即如所念，現大神通乃至三千大千世界，令諸眾生、天、龍、夜叉、乾闥婆、阿修羅、緊那羅、摩睺羅伽、人非人等，皆坐眾寶蓮花之上，花葉無數色香具足，各相知見坐寶蓮花。

時不空見又以定心，入此三昧現大神通，復令三千大千世界地大震動，如摩竭國赤圓銅鉢，置平石上，傾危不定，大地震動亦復如是。若有眾生聞此音聲，覺悟之者，皆得快樂，譬如東方不動國土，亦如西方安樂世界，其中眾生歡娛踊悅。時不空見復以清淨恬寂調和柔潤，端正至直無曲，甚深定心如其相貌，示無作神通。於是三千大千世界滿虛空中，雨大猛火，無一眾生身心熱惱；此諸群生大火觸身，覺是相已，快樂無比，譬如比丘入火三昧，身心欣躍，彼亦如是。時不空見復以定心現無作神通，又令三千大千世界雨天栴檀細末之香，香氣氤氳遍滿大千。若有衆生嗅斯香者，開神適體，快樂無極，譬若釋迦牟尼如來於昔劫中修菩薩行，定光佛所受記莂時，獲不思議無生妙樂，一念之頃不可計衆，亦得如是隨意歡娛。

爾時，阿難在大衆中而作是念：「佛入靜室，是誰神力而現斯變？為餘聲聞目揵連等，將非彌勒菩薩、越三界菩薩、文殊師利菩薩、不空見菩薩，為是修習大乘之人，乃能示此神變之相？」

爾時，阿難問目連言：「世尊說汝於聲聞中，神通變化為最第一。今此通變非爾為耶？」

目連答言：「長老阿難！汝問何緣有是神通？如此變化非我所為。長老阿難！我所能者，以此三千大千世界內置口中，無一衆生生覺知*想。復次，阿難！我遊梵天，發言音響遍聞大千。如是，阿難！我在佛前作師子吼，能以須彌內置口中若經一劫、若過一劫。阿難！我又住彼炎天言語音聲，此間世界皆悉聞知。長老阿難！我能移於天神堂閣，置閻浮提而不動搖。」

又告阿難：「我能降伏惡性毒害，難陀龍王、優鉢難陀諸龍王等，又能摧靡弊魔波旬。復次，阿難！我往東方過三千大千，還住第三世界之中，彼有大城，號曰寶門，凡有六萬億千家屬，令彼家家皆見我身，復能使此諸眾生等，聞說無常、苦、空之音。復次，阿難！我實有此諸妙神通，未曾示現。我今處在蓮花之座，悉見諸方一一方分，有阿僧祇無數如來，皆名釋迦牟尼世尊，處處僧坊右脇而臥，覩佛刹土有如是相，猶我天眼見千世界，若斯相貌，是誰神通？」

時目揵連即說偈言：

善修最勝，　獲四神足，　今我神通，　無與等者，
唯除自然，　世間之師。　我今住此，　閻浮提界，
動彼東方，　諸佛刹土，　帝釋宮殿，　諸婇女等，
覺此震動，　皆悉驚悚。　我能含吐，　諸佛刹土，
大海山川，　城邑聚落，　難陀龍王，　及跋難陀，
如斯族類，　性甚毒害，　我之神力，　悉能摧伏。

我住梵宮，　言語之音，　令此世間，　皆悉聞知。
能住佛前，　吞須彌山，　經百千歲，　乃至曠劫。
住炎世界，　凡有聲響，　使此剎土，　莫不聞之。
我往寶城，　變身普現，　遍在六萬，　億千之家。
我於此生，　未現斯變，　阿難當知，　吾今所見，
善哉奇特！　靈化神通，　我自見身，　及諸眾生，
悉共坐此，　寶蓮花上。　歷觀十方，　大威世尊，
我從昔來，　未見斯瑞，　不疑如來，　自然神變，
或是菩薩，　威神之力。

爾時，長老大目揵連說此神通師子吼時，十千眾生皆得人身，遠塵離垢，獲法眼淨。

爾時，阿難問舍利弗：「如來說汝智慧第一，今此神變將不汝耶？」

答言：「阿難！非我為也。我所能者，二十年中常勤修習毘婆舍那，行住坐

臥正念觀察，其心澄寂曾無動亂，分別顯說無量諸法，方便精求不出法界，唯有如來乃能究盡。長老阿難！汝頗知不？若我以衣置於大地，目連雖有自在神通，盡其勢力不能令動。長老阿難！汝今當知！我於佛前作師子吼，諸大聲聞具大神通，三果學士、天、人、魔、梵，阿修羅、神、沙門、婆羅門、一切閻浮外道異學尼揵子等，來在會中，若能自知身無我者，我今當以三摩跋提，決定為之師子吼說，大丈夫說，不思議說。唯除世尊一切知見、彌勒菩薩一生補處、住無生忍菩薩摩訶薩、海德三昧菩薩摩訶薩、善建德三昧菩薩摩訶薩、諸佛現前三昧菩薩摩訶薩。大德聲聞今可問我，如此身者，何者是我？為可見耶？不可見耶？又問異學諸外道等，汝所計身有神我者，為是過去，為當現在。長老阿難！我如是相，種種神通變化非一，聲聞、緣覺所不能知，亦不能見，何者是我？所言我者為住何處，聞如是聲？長老阿難！吾常精勤修丈夫業，亦復恒習知解之行，我今更有心自在力，我能伏心，心不伏我。長老阿難！吾見自身及以天人坐大蓮花，又見諸方在在處處無數難思阿僧衹界，覩佛世尊坐道樹下，大能天子請轉法輪，吾當隨順聞如是聲。我眼悉見諸世界中種種繒蓋、幢幡、花鬘，如我即時見此忍土。長老阿難！我心念言：為是世尊作此神通，大德聲聞之所為乎？菩薩往昔曾種善根，今獲如斯變化果報。」

時舍利弗即說偈言：

如來不思議，　如是佛功德，　若有善逝衆，　神通廣難思。
及諸佛弟子，　有學無學衆，　於此剎土中，　我智最第一，
唯除諸菩薩，　信念深固者。　長老阿難陀，　我慧無等雙，
現在及未來，　無能見過者，　除世調御尊，　及趣菩提人。
我恒勤修習，　毘婆舍那行，　滿足二十年，　觀察一切法。
精心方便求，　未曾得邊際，　我所有智慧，　不可得稱量。
我以智慧力，　現在於佛前，　能師子吼說，　唯除異學人，
及行聲聞乘，　求我真實者。　若我現神通，　飛騰虛空時，
此剎無人見，　吾之所遊處，　聲聞亦不覩，　唯除世間雄。

蠲別兩足尊，　及以善逝子，　如是諸人等，　知我之所在。
外道衆邪見，　悉非其境界，　心常自在轉，　禪悅不思議。
若有大士業，　修習深空行。　長老阿難陀，　我現此神通，
一切聲聞衆，　終不能得知。　奇哉於今日，　悉覩十方佛，
我在*蓮花座，　明見諸剎土，　建列不思議，　寶幢妙花香，
一切世界中，　變化不可稱。　長老我心念，　不疑是世尊，
威德善逝衆，　種種變化事，　或是不空見，　菩薩之所為。

是舍利弗師子吼時，一萬三千諸衆生等，遠塵離垢，得法眼淨。

時大迦葉亦在衆中，阿難心念：「是大迦葉威德具足，神通自在，今者變化，將非己耶？」

於是阿難問迦葉言：「此之靈奇是大德乎？」

迦葉答言：「斯神化相，非我所為。吾以智力，悉能分別顯示一切。長老阿難！我今住於世尊之前，作師子吼，能以三千大千世界其中諸水江河、溪壑、泉

源、池沼、百千萬億無量巨海，一切水聚吸置口中，悉使枯涸，令諸水性魚龍之屬，都不覺知，亦無惱害。

「長老阿難！汝今當知！我於佛前諸天、世人、梵、魔、沙門一切眾中，師子正說無畏之言，我力能吹須彌山王、大轉輪山、雪山山王乃至三千大千世界，一切諸山皆成微塵，依此山者，都不覺知。長老阿難！我能如是，得此自在神通之力。復次，阿難！我又能吹三千大千諸世界中，一時皆成猛炎熾火，譬如劫燒將盡之時，一切眾生亦不覺知。又無燒害熱惱之者，又不生念燒剎土想，我神力相，具足如是。

「長老阿難！吾住此間，天眼遠矚東方世界，億百千剎諸佛國土，始處處燒，終同一火。我既見已，心生念言：『今當示現神通變化。』即如其相，以三昧力住此世界，過於東方億百千剎，能以一氣吹彼猛火，悉令俱滅。火既滅已，從三昧起，復更發大炎盛之火。長老阿難！我神通相，及波羅蜜如是滿足。若有人天生疑不信，世尊今者右脅而臥，若從定起，汝可往問，唯佛如來能知此耳。」

世尊于時於靜室中，遙語阿難：「大德迦葉說師子吼，汝善受持。」

爾時，人、天、阿修羅等皆共歎言：「奇哉！上座摩訶迦葉師子吼時，三億眾生皆得人身，遠塵離垢，得法眼淨。八十五百千那由他諸天亦皆離垢，得法眼淨。長老不空見菩薩、彌勒菩薩、文殊師利童子菩薩、越三界菩薩，如是無量諸菩薩等，皆被堅固弘誓之鎧，聞大迦葉師子吼說，以篋盛花摶如須彌，作此變化，供養迦葉，爰及一切聲聞之眾。空中復化作七寶蓋，一一聲聞各蔭一蓋。」

爾時，長老摩訶迦葉，見是寶蓋，語阿難言：「此眾決定大乘之行，作是種種神變之事。

「長老阿難！我坐蓮花，處處方所見佛世尊不可稱計阿僧祇數；復覩諸剎七寶嚴淨，雜色間錯微妙無極，其中眾生更相迎接，悉見彼國豐樂之相，譬如三十三天之上，貪醉花鬘，愛著瓔珞，諸天身色如月光明。於虛空中有化寶蓋，一一眾生各蔭一蓋，亦如我今等無有異。處處佛剎無量菩薩，從兜率天降神母胎。長老阿難！我今所見，奇哉達行及師子吼，此實非凡之所能為，如是瑞相，現大神通。」

爾時，長老摩訶迦葉，即於衆中，而說偈言：

阿難汝當知，我以念定力，現在於佛前，以是三千界，
此佛之剎土，一切諸巨海，大小江河等，無量種水聚。
我以神通故，悉能吸彼水，置之於口中，雖皆令枯涸，
衆生無傷損，不惱於水性。此剎衆須彌，黑山諸山等，
我住神奇力，悉能吹散之。我以聰慧智，又用神通化，
令此佛剎土，一切成烟焰，衆生不熱惱，亦無畏懼想。
我住於此界，見彼東方國，阿僧祇剎土，悉為火所焚，
奇哉難思力，令彼火即滅。既見諸神力，如此自在行，
令無數佛剎，悉無有毀損。我處蓮華座，見此諸剎土，
種種皆端妙，殊傑尠儔匹。又覩兜率天，菩薩降神時，
不疑諸善逝，心達自在者，為是諸聲聞，不空見菩薩，

為彌勒大士，　而有斯瑞相。

爾時，阿難心生念言：「是富樓那彌多羅尼子，說法人中最為第一。今在此會有大神德，決定諸法得到彼岸，如是神通將非己耶？我今當問。」

即便白言：「唯！富樓那！如是瑞相，大德為乎？」

答言：「非也！長老阿難！我之神通調伏利益諸眾生故，力能示現，以手掌摩此之三千大千世界，不令眾生有傷損者。若有眾生樂神通力，示現翻覆大千世界，譬如勇健巨力丈夫，以指捻取迦利沙槃，上下拋擲不以為難，我以右手轉側三千大千世界，亦復如是，無一眾生有惱害者。長老阿難！若此三千大千水界，我以手指一點取之，悉著口中，亦無眾生生知覺想，我於佛前作此神通。

「長老阿難！於夜初分，我以清淨勝妙天眼，於此三千大千世界，歷觀諸方何者眾生，於法疑滯，當為除斷。即以天眼觀諸方時，處處見有四方世界，其土廣大無數眾生迷於正法。長老阿難！我心念言：『不起此坐，往破彼疑』即如三昧清淨寂定，調和柔潤正直之心，斷彼眾生於法疑惑。我於會中演說法時，一一眾生調在其前。長老阿難！夜既初分，四方各有無數千眾，悉得安住於聖法中，三萬眾生皆受禁戒，六萬眾生歸依三寶從三昧起。我如是相神通變化，悉能斷除眾生疑惑。長老阿難！我能安住於此世界，以淨天眼見於北方除怨國界，從此佛土過三萬剎，有一眾生於法疑惑，是世界中佛般涅槃，應聲聞法之所化度，我心念言：『當斷其惑。』不往彼處，即於此坐，遙令眾生自然調順。

「長老阿難！我今即時如定心相入此三昧，無數眾生作法光明。如是相貌我之聲聞，諸波羅蜜皆已滿足，若使有人於此眾中脫生疑網，不信受者，如來起時，自可往問。」

即於是時佛神力故，虛空之中出大音聲：「阿難！汝今如是受持，如富樓那師子正說。」

時諸人、天、阿修羅等皆歎：「奇哉！實為希有！聲聞神通相貌如此，豈況如來真境界乎！」

時諸人、天作此讚已，富樓那彌多羅尼子即於眾中，而說偈言：

我諸漏已盡，　決定到彼岸，　永脫一切生，　為世所歸依。
既入於衆數，　異佛神通力，　右手能翻覆，　天地山河等。
不令一衆生，　而有傷損者，　長老我神通，　勢力實如此。
若有三千界，　大千之水聚，　於此佛土中，　或見或不見。
我能以一指，　悉點內口中，　不使諸衆生，　而有覺知想。
我於初夜時，　天眼觀諸方，　何者衆生等，　於法有疑惑？
當住神通力，　悉為除斷之。　我見一衆生，　於法墮疑網，
若有淳善心，　貪慕求法者，　吾不起此坐，　悉除彼*疑惑。
四方千億衆，　我以淨眼施，　能令彼生信，　使發菩提心。
時有三萬人，　從我受禁戒，　六萬諸衆生，　歸依於如來。
其心得寂靜，　安住正法中，　我於初夜時，　示現妙神通。
一念於此坐，　歷觀東北方，　周觀過千剎，　正降怨世界。
彼有一衆生，　心疑於諸法，　我住此佛剎，　彼人疑於法。

欲令見正路，　今決其迷惑，　長老我神通，　智力實如斯。
唯佛能哀愍，　一切諸世間，　此處人不信，　可往問世尊。
我今坐蓮花，　見彼佛涅槃，　處處方剎土，　闍維如來身。
及見佛殊特，　為是誰神力？　又如我所見，　諸佛般涅槃，
廣遠甚弘雅，　不可得思議，　為是佛所作？　聲聞之人耶？

爾時，阿難心生念言：「此羅睺羅是佛之子，有大威德神通自在，今亦在此大眾之中，如是變化，將非己耶？」

阿難即便問羅睺羅：「汝於戒學得到彼岸，此之神通汝所為乎？」

羅睺答言：「非我所作。長老阿難！我如是相，種種百千威德神力，隨意自在為佛之子，或隱、或顯未曾憶念，不嘗在前亦未示現。長老阿難！我能以此三千大千世界之中，百億四天下、百億日月、百億大海、百億須彌、百億大小轉輪之山，如是廣大諸餘山等，以四神足置一毛端，不令眾生有傷損者；於四天下不相逼迫，彼此去來亦無妨礙，吾之神通自在如此。長老阿難！我能以此三千大千

一切水界，大海、江河、溪澗、池沼，以一毛孔唼置口中，渟流派別，本相分明，其中衆生適性不改，水之盈竭亦不覺知。

「長老阿難！我住此土如定心相，入此三昧，見東北方難生如來。我在此剎白淨王所，撮取一把栴檀末香，供養彼剎一切諸佛，其香芬烈，乃至十方難生世尊化作臺觀，高十由延，七寶所成，即在此處燒衆天香。復於臺上化作寶蓋，其蓋足高億千由延，縱廣正等百千由延。彼世界中一切衆生，皆共幻作栴檀樓閣，其樓上高百千由延，縱廣正等五千由延。如是無量在寶臺中各各莊嚴，不相障礙。長老阿難！瑞相如是，我於聲聞具波羅蜜，或有生疑不能信者，世尊若起，自可往問，我師子吼如來證知。」

時羅睺羅即說偈言：

長老阿難陀，　我以大千界，　百億四天下，　及無數佛剎。
如是諸剎土，　悉入一毛孔，　我神通如此，　無所譬類者。
世界甚廣大，　不滿一毛孔，　各安去來業，　悉不見妨礙。

我能如是示，　神力不虛行，　須彌寶山王，　及大小轉輪，
復有諸餘山，　皆入一毛孔，　以我神變力，　彼此不相礙。
長老我如是，　示此神奇相，　悉見入毛孔，　而身不疲惓。
我又神足力，　以此大千界，　江河大海水，　吸內毛孔中，
而此佛剎土，　一切大水聚，　當入毛孔時，　區別不渾亂。
我在善逝前，　示現於神通，　若疑不信者，　往問普眼尊。
我處蓮華坐，　見十方菩薩，　頭目及妻子，　施以求菩提。
奇哉我所見，　實生希有心，　不疑於世尊，　所作之神變。
為諸大威德，　善逝聲聞眾，　為是不空見，　彌勒菩薩等。

長老羅睺羅師子吼時，八十七億百千那由他諸天人等，得法眼淨。是諸天等見法到法，選擇眾法，明了於法，如是相貌，當設供養。以天栴檀細末之香，以用奉散羅睺羅上：「奇哉！佛子！離垢清淨，住大乘行，深妙之法，能演師子殊妙之音。善哉！羅睺羅！未來之世，當師子吼猶若今日。」

爾時，阿難心生念言：「此須菩提阿蘭若行，最為第一而無等雙。今是大德在此會中，世尊常說此須菩提，能作種種無量神通。」

阿難即問須菩提言：「如是變化，將非汝耶？」

答言：「長老！非我所為。我能常樂，不捨閑處，如彼定心入此三昧，以是三千大千世界，置一毛端極微之分，周迴旋轉如陶家輪，其中眾生無覺知者。長老阿難！我於佛前能師子吼，正說無畏，吾以一氣吹此三千大千世界，悉令燒盡，不使眾生有熱惱想。我曾示現如此神變，能在佛前說師子吼，以此大千世界眾生，置一指端上昇虛空，彼此寂然，無諸音聲，不相觸礙及覺知者。長老阿難！我之所能，如彼定心入此三昧，以清淨眼，一時矚對八方上下六萬諸佛，一一方中又覩六萬百千世界諸佛如來，彼處次第，見無前後。長老阿難！我如定心，如其相貌作神通行，住此閻浮須彌山頂，釋提桓因所居天宮，撮取一把栴檀末香，俱時遍散十方諸佛，紛綸彌漫，以用供養。我住此剎，見彼眾生恭敬尊重讚歎如來，彼土眾生悉知我是釋迦如來、應、正遍知聲聞之中空閑第一。長老阿難！我之神通，如是相貌究竟彼岸，若此人天於我生疑，有不信者，往問世尊，如來自當知此三昧。」

時佛神力於虛空中，震大音聲，告阿難言：「如須菩提正說師子無畏之音，汝可受持。」

時諸人、天、梵、魔、沙門、一切閻浮阿修羅等，既得法利，生希有心，驚愕毛豎，歎言：「奇哉！聲聞神變乃能如此。豈況如來種種神力，無數三昧真實者哉！」

時須菩提知諸人天已得法利，即說偈言：

世間師稱我，　阿蘭若最勝，　安住禪解脫，　現無量神力。
長老阿難陀，　我能以大地，　置於一毛端，　旋之而不危。
亦如陶家輪，　雖轉不傾側，　又於世尊前，　破碎一切地。
及以諸山岳，　無有損傷者，　我住神足力，　威勢皆如此。
我能以手掌，　舉剎及眾生，　安置虛空中，　從上次第下，

亦無一衆生，　驚疑怖畏者。　我入三昧時，　見彼東方佛，
其數有六萬，　南方亦復然。　我復見西方，　六萬世間尊，
北方及上下，　斯數亦如是。　及覩衆樓閣，　妙絕無等倫。
以少栴檀末，　供養諸世尊。　我實有若斯，　無垢神通行，
能大師子吼，　及諸示現等，　不能深信者，　可往問如來。
我無衆生想，　亦無無生想，　無佛無法想，　一切無相故。

菩薩念佛三昧經彌勒神通品第四

爾時，彌勒菩薩摩訶薩心生念言：「是諸聲聞有大威德無數神通，各各自說大師子吼，我當於此人、天、魔、梵、沙門、婆羅門、聲聞、菩薩大衆之前，微現神變。」

即於晨朝語阿難言：「大德！今可正衣，持鉢共往佛所。」

到已，頭面禮如來足，白言：「世尊！我今欲入王舍城中分衛乞食。」世尊

知時，默然而許。

於是彌勒告阿難曰：「我向心念，初受食處於此眾生，先當令發無上道心，然後乃取此人飯食。大德阿難！我已發意，今便共行入城乞食，詣大長者婆羅門家。」

到已，持鉢默然而住，長者見已，即便白言：「善來比丘！久望慈顧，願聖今者受我蔬食。」

彌勒菩薩語長者言：「我今未能受爾供養，汝若能種無上菩提善根因緣，當受汝食。」

是時，長者即白彌勒：「若能以我所施之食，供養恒沙諸佛世尊，然後乃當發菩提心，決定大乘真實之行。所以者何？我於先佛種善根故。」

時阿逸多答長者言：「若能安住如是誓願，我當以食供養恒沙諸佛世尊，皆使周遍。」

長者復言：「唯然！仁者！我當真實發大誓願，願以此食供養恒沙諸佛世尊，悉令周普。」如是三白。

爾時，彌勒語長者言：「汝今便可時施所供，當以獻上恒沙諸佛。」

爾時，長者即以名饍奉授彌勒。彌勒受已，於長者前一念之*頃，忽然往彼恒沙佛所，供養周遍。奉設既畢，還長者家。長者見是神通之相，歎言希有，踊悅無量：「我今復應種諸善根，奉施甘果餚饍美味，嚴飾床座皆悉豐足。」

長者復持一切珍寶，香花、花鬘、金衣、素疊，俱共往詣，至如來所。到已，頭面敬禮佛足，於如來前發菩提心。又立大願而作誓言：「若有眾生修菩提行，聞我施食善根因緣，一切當得無上菩提。若吾斯願，誠諦不虛，必當獲得阿耨多羅三藐三菩提。」

時無數菩薩及諸聲聞，一切大眾咸來集者。此之三千大千世界，即時應當六種震動，發是誓已，大千剎土便大起踊具十八相。

是時，長者語阿難言：「大德！今者現為我證，若不信者，問於世尊，神通相貌，具足如是。我今未得無上菩提，自在變化已能如此。」

彌勒菩薩語阿難言：「我憶過去阿僧祇劫，造光佛所，修得少分諸佛如來所行三昧，獲是定已，見於東方無數諸佛各住彼刹，以三昧力於無量劫方便度脫，不可計衆得阿僧祇神通變化，住於阿耨多羅三藐三菩提道，猶今王舍婆羅門也。大德阿難！我於往昔蓮華上佛、應、正遍知所，以一神通化度三萬億那由他百千衆生，住無上道。大德阿難！我於往昔最高如來、應、正遍所得普世定，度脫六萬欲界諸天，發菩提心。我具如是神通相貌。」

時阿逸多即說偈言：

正服持應器，　往詣能仁尊，　頭面禮佛足，　白言行乞食。
佛即許其去，　當廣利衆生，　吾般涅槃後，　汝應次作佛，
名譽及功德，　一切皆具足。　我時心念言：　今日行分衛，
若初施食者，　令住三菩提。　時彼大長者，　見我行乞食，
即便從*座起，　恭敬意無量：　善來阿逸多，　希現乃如此，
今來一何晚，　唯願前坐食，　大士法難思，　當設尠微饍。

長者汝若能，為利諸人天，發無上菩提，我當受汝食。
即時若能爾，我當立誓願，阿逸汝即時，能以所施食，
奉獻恒沙佛，悉令周遍者，然後我當發，無上菩提心。
長者若定能，作此真實誓，施於恒沙佛，願得大果報。
我今保此誓，建立必不虛。持鉢受食已，普供人中尊，
修行菩提道，利益諸衆生。阿難是長者，見我神通事，
心敬大歡喜，歎仰未曾有，其心即安住，無上堅固願。
復施珍果饍，嚴飾妙香花，素疊及名寶，種種衆妙供。
共我詣如來，深發菩提願，長者發誓已，更作廣大願。
其願無限量，不可得思議，衆生若聞者，此剎成佛道。
造光如來處，得此微妙定，諸佛之所說，施不思議樂。
造光世尊所，獲得此三昧，爾時我悉覩，十方諸如來。
若得大威力，乃能見是事，安住此三昧，示現諸神通。

百阿僧祇劫，修習種種行，利益諸衆生，未曾有休息。
蓮花上佛所，得是三昧已，我以種種化，七十千衆生，
皆悉令得修，無上菩提道。最高如來所，專修諸梵行，
得微妙三昧，施不思議樂。最高善逝處，又得普世定，
爾時復安住，月出三摩提。迦葉如來所，得是深三昧。
大德我如此，示現神變時，攝取於往昔，百千世神通。
若住此威勢，能作種種化，我亦見諸佛，現作如此行。
若有欲樂見，諸佛世之師，復有欲願聞，法輪深妙音。
亦樂拔世間，一切生死苦，當勤受持此，清淨三昧王。

爾時，諸天、世人、魔、梵、一切閻浮及阿修羅，聞阿逸多師子吼已，生希仰心，歎未曾有。

菩薩念佛三昧經讚佛音聲辯才品第五之一

爾時，不空見菩薩摩訶薩即從三昧庠序而起。時諸人、天、龍、神、魔、梵、沙門、婆羅門、阿修羅等一切世間，皆悉讚言：「異哉！至法！」

時不空見告阿難言：「妙哉！諸佛實為希有！世尊大悲無不具足，故名如來、應、正遍知獲得無上菩提之道，知一切法無生、無行、無得、無失。波羅奈國仙人鹿苑，三轉十二行無上法輪，沙門、婆羅門、諸天、魔、梵、一切世間無能轉者。所謂是苦，是苦集，是苦滅，是苦滅道，八聖道分無數章句，無量諸相無限行處，如此義味，讚誦解說，分別敷折，無不具足。」

時不空見復告阿難：「善哉！諸佛大悲滿足，故名如來、應、正遍知得是無上菩提之道。今此大會諸聲聞眾，未曾聞法，當令聞之；先所未說，今當為說；不思議法，當思議說；所未得法，今當使得；未學之法，令得修習；無相之法，作有相說；略說少法，啟悟弘多。今告此眾，諸阿羅漢畢竟作證，無著真人，永得解脫無始生死。阿難！當知譬如有人以一把戮投恒河中，謂能以此斷彼駛流，此人所作為難不耶？」

阿難答言：「如是！甚難！」

時不空見語阿難言：「諸佛、如來、應、正遍知得無上道，為諸聲聞說未聞法，倍難於彼。復次，阿難！譬如有人生無口舌，聲震恒沙一切世界，此為難不？」

阿難答曰：「如是！甚難！」

不空見言：「諸佛、如來、應、正遍知得無上道，為諸聲聞不思議法，作思議說，尤難於彼。復次，阿難！譬如有人指虛空中示種種色，為難不耶？」

阿難答曰：「如是！實難！」

不空見言：「諸佛、如來、應、正遍知得無上道，令諸聲聞所未得法，今當令得，彌難於彼。復次，阿難！譬如有人無有手足及呪術力，擔須彌山，或欲履水，或持浮木渡於大海，此為難不？」

阿難答曰：「如是！甚難！」

不空見言：「諸佛、如來、應、正遍知得無上道，為諸聲聞以無相法，作有相說；以未學法，作有學說，又難於彼。」

時不空見即說偈言：

諸佛不思議，深行大慈悲，常施法光明，相繼恒不絕。
無數那由他，億劫甚難見，無比最勝尊，未聞當令聞。
有為緣起轉，無實恒虛偽，畢*竟常無生，一切法空故。
諸佛所行慈，不可得思議，佛說所未說，如此難見法。
利益諸人天，普及於一切，諸如來深解，不可思議法。
能為聲聞眾，說有思議法，佛說無相法，能作有相說。
外道癡所迷，不識生死源，如來既知已，皆悉令摧伏。
住十力敷演，未得法令得，世尊真實說，利益諸人天。
欲以一把𢨋，斷截恒河水，長老此雖難，未足稱為難；
世依說無生，斯難過於彼。若人無口舌，聲震遍諸剎，
雖復能如此，不足以為難；未學令得學，是則最甚難。
若人指空中，言有種種色，誠能為此事，豈足稱甚難；

未得法令得，　我說最為難。　若人無手足，　擔負須彌山，
欲渡於大海，　未足以為難；　無相說有相，　此則倍難彼。

菩薩念佛三昧經卷第二

菩薩念佛三昧經卷第三

宋天竺三藏功德直譯

讚佛音聲辯才品第五之二

時不空見復告阿難：「諸佛世尊希有殊特！於阿僧祇無量諸法，決定究竟到於彼岸，故名如來應正遍知戒、定、慧、解脫知見等眾一切法相，無取著行，建勝寶幢，出一大音。若有眾生樂聞施惠得解脫者，即生念言：『如來為我說施利益。』若有眾生樂聞禁戒得解脫者，即生念言：『如來為我說戒饒益。』若有眾生樂聞三昧得解脫者，即生念言：『如來為我說於三昧。』若有眾生樂聞智慧得解脫者，即生念言：『如來今者為我說智。』若有眾生樂聞解脫得濟度者，即生念言：『如來今日為說解脫。』若有衆生樂聞解脫知見之者，即生念言：『如來為我說於知見。』若有衆生樂於生天得解脫者，即生念言：『如來為我說於生天。』若有衆生樂聞無常得解脫者，即生念言：『如來為我說於無常。』若有衆生樂聞說苦而得解脫，即生念言：『如來今者為我說苦。』若有衆生樂聞無我得解脫者，即生念言：『如來今者為說無我。』若有衆生樂聞寂滅得解脫者，即生念言：『如來為我說寂滅法。』若有衆生樂聞不淨得解脫者，即生念言：『如來為我說不淨法。』若諸衆生樂聞無上道得解脫者，即生念言：『如來今者為我讚歎諸佛功德，說大乘法，無一衆生聞如來說如此法已，不解脫者。』」

時不空見即說偈言：

*世間☆調御師，於衆中演說，戒定慧解脫，解脫知見等，
如是一切法，宣說皆作佛。樂聞說施戒，而得解脫者，
各聞世間依，歎施戒功德。樂聞說定智，解脫功德者，
即聞佛世尊，演不思議音。樂生天解脫，牟尼即為演。

樂聞智慧者，　天中天今說。　樂聞無常苦，　無我不淨說。
寂滅等諸音，　而得解脫者，　即時便得聞，　不可思議聲。
若有欲樂聞，　辟支佛功德，　善逝今便為，　說斯緣覺乘。
聞佛諸功德，　如此解脫乘，　世尊說法已，　衆生求菩提。
如此一切音，　不可得思議，　佛所宣諸法，　利益於世間。
既蒙解種種，　清淨之妙聲，　即時悉皆發，　無上菩提心。

時不空見復告阿難：「諸佛世尊殊特希有！成滿一切無數善根，故名如來、應、正遍知親近供養無量諸佛，布施調伏一心寂定，今得無上菩提之道，具足成就無數辯才。釋迦如來得無量辯、最無上辯、無能答辯、無取著辯、勝解脫辯、無罣礙辯、成就性辯、成教化辯、施無熱辯、有無問辯、豫知之辯、若有相辯、若無相辯、靜默然辯、能除恚辯、種種章句及名字辯、甚深句字及宣示辯、宣示甚深調柔之辯、無量譬辯、無問答辯、具足定辯、具廣大辯、具難思議辯、具開敷辯、具清淨辯、具無毀辯、具足聰慧無毀損辯、具心無著辯、具心無吝辯、具足無失字句之辯、具無盜辯、具無妄辯、具足開發說法意辯、具足說法開發煩惱生淨心辯、具足親近說章句辯、具說過去辯、具說未來辯、具說現在辯、具說希有辯、具足無生勝妙智辯、具足一切大衆憙辯。」

時不空見即說偈言：

昔已曾至心，　供養無量佛，　是以人中尊，　今得無上道。
不思議善根，　阿僧祇諸辯，　無礙開發辯，　佛得此衆辯。
無上解脫辯，　成就教化辯，　廣宣諸相辯，　有問無問辯。
種種說甚深，　隨順譬類辯。　清淨難思音，　具足妙說辯。
淳淨義成就，　決定衆相辯。　不思及不退，　無卑無下辯。
善哉明慧人，　無著無毀辯。　不失字章句，　無妄攝樂辯。
能斷煩惱心，　不忘十力辯。　最上及親近，　宣說三世辯。
若聖與不聖，　如此隨順辯。　無遠無生等，　近聽遠聞辯。
說善逝功德，　音聲清暢辯。　若人以一毛，　點取大海水，可知其數量，　能令乾竭盡，　無有知諸佛，　如來大勝辯。
或有量虛空，　能知其邊際，　能秤須彌山，　亦可識斤兩。
如來智辯力，　無能摧伏者，　雖復歷劫數，　不測如斯辯。

時不空見復告阿難：「長老！當知諸佛世尊大梵音聲、師子音聲、雄猛之聲、龍王音聲、弦聲、歌聲、柔軟好聲、大小雷聲、不思議聲、無量妙聲、無邊勝聲、滿足音聲、不退之聲、迦陵頻伽聲、清淨歡喜聲、如來分別聲、如來識了聲、如來甚深聲、如來無毀聲、如來不却聲、如來清徹聲、無衰無損聲、如來美妙聲、如來最美聲、如來無不美聲、如來廣具足一切功德聲，是處說如來、應、正遍知以一音聲令一世界，其中眾生皆悉樂聞。

「又以一音令二世界，其中眾生亦願樂聞。如來一音乃至百千萬億那由他無邊世界，其中眾生樂聞亦然。彼處眾生聞如來聲，如是解了，如是識知，皆言如來為我說法。如是，阿難！諸佛如來不思議音利益之聲，譬如日輪照閻浮提，有目眾生皆蒙慧利。如是如來、應、正遍知音聲法輪清淨微妙，濟拔一切亦復如是。長老阿難！譬如初春十五日夜，月輪圓滿，清明澄照無諸霞翳，閻浮提人皆出遊觀，得恣歡娛，緣月盛故。如是如來、應、正遍知音聲法輪清淨微妙，衆生所以得利益者，緣遇如來法光明故。長老阿難！譬如衆川、江河、溪壑、巨細諸水，悉入大海皆成一味，而此一味，具足衆味，亦有無量諸妙珍寶，人及非人雖貪此寶，大海深廣，難可得渡。如是如來、應、正遍知清淨音聲，法輪難解，令諸衆生得法寶利，無量安樂亦復如是。長老阿難！譬如大地、開發種子生長萬物，利益衆生無不豐溢，聚落、城邑、帝王、京畿，一切境界皆依此地。如是如來、應、正遍知音聲法輪清淨微妙，拯救一切無量衆生，悉令歡樂亦復如是。長老阿難！譬如虛空，世間去來無所妨礙，而此虛空能安樂物。如是如來、應、正遍知音聲法輪清淨微妙，饒益一切亦復如是。長老阿難！譬如三十三天上，波利質多拘毘羅樹，花葉芬敷，諸天遊觀莫不歡適。如是如來音聲法輪，清淨敷演一切法聲，甘露利樂亦復如是。」

時不空見即說偈言：

世尊梵王音，閻浮提第一，師子雄猛聲，及以大龍聲，
絃竹調軟音，十方不思議，鍾鼓雷吼聲，無邊普震聲，
佛土滿足聲，未曾衰減聲，迦陵頻迦聲，愛順歡喜聲，
聖喜無濁聲，教與無教聲，甚深無為聲，無譏毀謗聲，
難見善分別，句字之音聲，無諸衰損聲，美妙普遍聲，
無有繫縛聲，及無遺忘聲。一切功德聲，世間依所說，
能以一音聲，遍滿一切界，調伏群萌類，歡喜悉樂聞，
皆云今如來，獨為我說法。如來以一音，乃至恒河沙，
無量世界中，眾生皆樂聞。譬如出暉明，照耀一切物，
世尊如是音，為眾演說法。初春十五*夜，滿月光澄淨，
如此明月輪，遍照閻浮提，皆令得歡樂，利益亦無邊。
世依猶斯月，觀者無不欣，清淨妙音聲，能為利一切，
閻浮提最上，不可得思議。如大海無邊，眾寶之所出，

深廣難可濟，饒益一切衆。大勝佛如是，最上無過者，
有教無教等，音聲甚難解，清淨無所毀，能施一切樂。
於此三千剎，安置一切衆，佛音聲如是，利物難思議。
虛空無罣礙，能通諸飛行，世尊音如是，廣潤一切衆。
如天香花樹，敷榮善利益，如來諸音聲，具足益世間。
我於一劫中，說佛聲功德，雖復歷百劫，不測其始終，
諸佛亦如是，不可思議音。十方諸衆生，異口無邊辯，
說佛聲功德，不能盡其際，世間依如是，不可思議音。
若有諸水陸，一切衆生等，假令悉得佛，不測聲涯底，
諸善逝如是，不可思議音。如此調御師，音聲無與匹，
若能隨順念，終不墮惡趣。若有諸菩薩，聞佛具足音，
當得佛法王，不思議音聲。

時四天王、釋提桓因、焰摩天子、兜率天子、自在天子、及大自在并與其子

名曰商主、大梵天王、淨居諸天，復有大力威德諸天，欲色二界諸天子等，聞不空見菩薩所說佛聲功德，歎未曾有，以天栴檀細末之香，散不空見菩薩摩訶薩，乃至十方供養已畢。時有六十億百千那由他欲色諸天，聞此音聲，皆種無上菩提善根。五千比丘亦發無上菩提之心，被弘誓鎧。七百千萬諸比丘尼發無上心及弘誓願。百千優婆塞從花座起，詣不空見大菩薩所。復有二億百千那由他諸女人等，各脫身上珠寶瓔珞，奉不空見菩薩摩訶薩，亦發無上菩提大願。

菩薩念佛三昧經讚如來功德品第六

爾時，不空見菩薩摩訶薩告阿難言：「奇哉！希有！諸佛如來具足深知生死往來，憶識生處親戚眷屬，善知煩惱諸惡過患，具足相好，具足行捨大捨，意念戒、定、智慧、解脫、解脫知見，具足六通到於彼岸。若慈大慈，若悲大悲，若喜大喜，若捨大捨，最勝無倫到於彼岸。威儀神通一切諸法，最勝無礙到於彼岸。若處、非處示導諸方，利益最勝到於彼岸。及舍摩他、毘婆舍那，最勝無比到於彼岸。一切禪定、解脫、三昧、三摩跋提，最勝無上亦到彼岸。無貪、無瞋、無癡、無慢，無惛、無過、無有慢慢、無惑、無恚，度脫五道、四毘舍羅（此或言施戒法，世間皆無慳義），眾生善根業報論議，最勝無等到於彼岸。一切眾生戒聚不斷、不漏、不濁、無雜、無言，慧明清淨，勇猛殊勝，沙門、婆羅門、人、天、魔、梵，一切世間之大法主，無一眾生能測如來戒、定之分如毛髮許，更無有人能超過者。長老！當知應如是觀：「我能究盡虛空邊際，不能度量諸佛世尊戒、定、智慧、解脫、◎解脫☆知見，所以者何？以無邊故。如來戒、定、神通諸法非是淺識之所思議，深不可測無能窮者。」

時不空見即說偈言：

世尊生死盡，　住胎難思議，　法性以為母，　不可得為比。
具足善功德，　世間無能及，　身相三十二，　八十種妙好。
世間叵思議，　攝取諸善業，　妙哉人中尊，　具足善超出。
若捨及大捨，　煩惱心解脫，　方便諸勝業，　滿足無與等。

具足戒定智，解脫知見分，諸佛法無邊，六通到彼岸。
如來具慈悲，喜捨諸行處，能解眾生縛，拔濟種種苦。
諸佛深智聚，不可得思議，威儀無等比，神通到彼岸。
無諸煩惱行，善解於真諦，若處及非處，利益悉具足。
定解脫如此，不可得思議，善解舍摩他，毘婆舍那等，
已到世所無，永離諸惡心，善學定解脫，除滅愚癡患。
淨戒不斷絕，不漏亦不濁，善學戒無失，勇健明哲人。
無有一眾生，而懷疑謗心，沙門婆羅門，人天及魔梵，
心信不懷疑，常善學清淨。我能知虛空，四方廣大相，
不能測勇猛，無上清淨戒。能以一氣吹，海水令枯涸，
不能測如來，清淨法明戒。能以一氣吹，須彌令碎盡，
大小轉輪山，亦復成粉塵。不能測如來，淨戒之崖際，
雖復歷劫數，不能得其量。

時不空見菩薩心生念言：「善哉！如來應正遍知！願屈威神降臨衆會，我今欲為諸菩薩等，請問如來念佛三昧。世尊先於大衆之中，雖說其名，竟不敷演，便入靜室右脅而臥。」

爾時，世尊即知其念，佛神力故，令此三千大千世界六種震動，具十八變。亦如前說，放大光明，普照此土娑婆世界，日月、星宿、欲界諸天、無邊恒沙衆梵天等，其明隱蔽，悉不復現，唯佛神光，顯耀殊特。愍衆生故，即從臥起，齊整衣服，往大會所。時諸世間人、天、沙門、婆羅門等，及阿修羅各見如來殊勝光明，從花座起，往詣佛所，恭敬合掌卻住一面。

時不空見遙覩佛來，容色端嚴，威儀庠序，仰瞻相好，無不具足。見已即告長老阿難：「世尊今從靜室而來，必當敷演顯發最勝第一義諦，無虛妄說，巧妙宣說，無分別說。善能思量不起惡業，身業無毀，口業無譏，意業無失，三業皆淨。戒、定、智慧及以解脫、解脫知見亦悉具足，無上方便神通利益，不思議辯殊特具足；善知生死無能過者，住胎清淨，母族豪勝，衆善功德最為具足；不可思議相好具足；往昔因緣及意具足；煩惱解脫，心得具足；若捨大捨，超出具足；五識無取，離染具足；五分法身，清淨具足。究竟已到六通諸法，及法性相，皆到彼岸；毘婆舍那及舍摩他、根、力、覺、道，到於彼岸；慈悲喜捨不可思議，深心慚愧，到於彼岸；已至諸法自在彼岸；過去、未來、現在諸法皆悉知見，不著不退，能知一切過去身業，亦知轉變，到於彼岸；口意二業亦復如是。長老阿難！如來世尊一念能知一切眾生心行善惡，莫不了達。」

時不空見告阿難言：「譬如大海，深廣難渡；諸佛戒品，淵曠亦然。譬如須彌，永不可傾；如來定品，難動亦然。長老阿難！譬如虛空，清淨容納無有齊限；諸佛三昧，攝取無邊清淨智品，又攝一切眾生淨心。長老阿難！譬如日光，悉能臨照無量色像；如來法光，無幽不燭。長老阿難！譬如大火，焚燒山野一切眾物；如來法火，能燒眾生無量煩惱，永得清淨。長老阿難！譬如涌泉，盈流出外，成於淵池，能洗萬物皆令潔淨；如來法水，亦除眾生一切結累，常得獲安。長老阿難！譬如醫王，善療眾生種種疾患；如來法藥，能消眾生生死重病皆使永除。長老阿難！譬如時雨，潤益卉木無不增長；如來法雨，亦潤一切枯槁眾生。長老阿難！如師子吼，能使眾獸皆令慴伏；如來法音，能壞眾生計我見者，永得遠離。長老阿難！譬如大船，能濟彼岸；如來法船，渡諸眾生四流彼岸。長老阿難！如優曇花，希有難見；如來出世，亦復難遇。長老阿難！譬如波梨質多羅樹，其花敷榮馨香殊特；佛大人相，明發亦然。長老阿難！譬如父母，能育諸子；如來亦爾，善利眾生。長老阿難！若人說言如來出世，無邊正說，是名真說。若人說言如來出世，說不思辯，是名正說。

「長老阿難！略說如來有無邊辯、無取著辯、無罣礙辯、勝解脫辯、成就妙辯、常隨順辯、漸親近辯、有無問辯、微妙淨辯、最上辯、慈大慈辯、悲大悲辯、喜大喜辯、捨大捨辯、佛出世辯、又利益辯。長老阿難！若人說言如來出世，具足利益一切眾生，是名正說。長老阿難！若人說言眾生無安、無救無歸、無趣無主，如來出世，能作安救及歸趣主，是名正說。

「長老阿難！我若一劫或至百劫，宣說諸佛世尊功德智慧辯才，億不及一；

又於無量一切諸劫，宣述如來、應、正遍知功德辯才，不能窮究。長老阿難！譬如有人，羸老攣癖住他人所，語彼人言：『奇哉丈夫！我雖如此，能以一毛點取一切無量諸水，內置口中悉令枯竭。』此人既無神通呪術，能為斯事，為可信不？」

阿難答言：「此為難信。」

不空見言：「實不能也，徒空言耳。如是，阿難！我說諸佛功德辯才，不能窮極，猶如彼人無竭水理。長老阿難！假使我於億百千那由他劫，不能宣說諸佛功德、智慧辯才一毛之分，唯佛與佛乃能盡耳。長老阿難！如此大地容受眾生，乃至有足及以無足，四足多足，有色無色，有想無想，非有想非無想，若此世界若他世界，若千世界百千世界，無量無邊一切世界，其中眾生當得成佛。是諸世尊於億百千那由他劫，說佛功德不能窮盡一毛之分，如是功德無不具足。」

時不空見而說偈言：

長老阿難陀，　法王從彼來，　一切諸世眾，　無不興供養。
勝炎光明主，　功德皆無數，　最勝利益說，　真說不生說，諦說無妄說，無異及善說，出微妙音聲，大智善宣說。
身口意清淨，不緣慮諸惡，如來勝戒定，第一智解脫，
解脫知見等，威儀常難思，無上神通智，利益最無比。
善得無垢行，最勝微妙辯，無上人中尊，具足知生死。
住胎既無比，母族亦復然，不思議殊相，八十種妙好。
容色甚挺特，端正無有比，具足無惑心，捨大捨亦爾。
超出一切欲，五識無不具，證智超六通，具足四無礙。
備無量知見，難思衆神變，舍摩毘婆那，皆悉度彼岸。
達捨離垢主，威儀恒自在，衆中大神王，徐行從彼來。
無著修伽陀，住於十力智，行慈演法光，一切勝智說。
能知大海水，無邊深廣量，不測無上力，淨戒定崖畔。
雖歷億千劫，不知其限齊，以手接須彌，上擲至梵天，
不能動如來，最初甚深定。遊獵虛空中，可知其邊際，

無有能測度，如來不毀智。能以足履虛，窮極其限量，
不能測離垢，棄累人中尊。如日能除闇，悉見善惡色，
自然世間師，能滅愚癡瞑。譬如月盛滿，一切皆欣樂，
法月光明王，覩者皆歡喜。如夜然明燈，有眼無不見，
調伏無比燈，能演法光明。世師法燈炬，善滅一切陰，
宣說自然法，普聞於衆生。大智勝醫王，猶如涌流泉。
法藥消衆病，能施一切樂。譬如大龍王，普降於甘露，
能令此大地，一切皆霑洽，大悲哀世尊，法雨亦如此。
譬如師子吼，蠕動皆怖畏，如來震法音，降伏諸外道。
譬如大牢船，能運載一切，佛度多億衆，濟彼四流岸。
譬如優曇花，奇哉稱希有，人中尊難遇，乃復過於此。
一切諸世間，常所歸依處，如天喜見城，婆梨質多花，
芬敷垂光綵，諸天所遊樂，世依踰於彼，相好甚微妙。

世尊已為我，　示現諸神變，　我今少宣說，　諸佛之功德，
以我所修業，　以施利衆生。

菩薩念佛三昧經如來神力證正說品第七

爾時，世尊以金色手摩不空見菩薩頂上，出廣長舌而告之言：「善哉！善哉！汝不空見！善說如來、應、正遍知真實功德，信如所言。又不空見！若人說言無安無救、無歸無趣、無主衆生，如來出世，能為如是諸衆生等，作安作救歸趣主者，是名正說。又不空見！若人說言如來出世，說不思辯及無邊辯，是名正說。又不空見！若人說言一切衆生深著貪欲、瞋恚、邪見，如來出世，悉能除斷貪欲等病，是名正說。又不空見！若人說言一切衆生嫉妒、纏垢之所染著，如來出世，悉令除斷，是名正說。又不空見！若人說言一切衆生無慚無愧，如來出世，能使衆生慚愧具足，是名正說。又不空見！若人說言一切衆生深著慳慢，如來出世，悉能除斷，令無慳慢，是名正說。又不空見！若人說言一切衆生無慈、無悲

，無喜、無捨，不善惡念，如來出世，悉令具足四無量心，利益善念，是名正說。又不空見！若人說言一切衆生無諸善根，如來出世，教化一切令種善業，是名正說。又不空見！若人說言五濁惡世衆生病增，如來出世，能作安樂，此人所言即是我說。所以者何？我出惡世說法，利益諸衆生故。」

爾時，如來摩不空見菩薩頂時，於一念頃，此界衆生承佛神力，悉見東方清淨剎土無量無邊阿僧祇佛，及聞諸佛說法音聲。如是南方乃至十方如觀掌中菴摩勒果，一切衆生悉皆見彼清淨佛剎。又一念頃，如來、世尊、應、正遍知以金色手摩不空見菩薩頂已，以佛威神，示現往昔最勝願力，即見上方清淨佛剎無量無邊阿僧祇數已滅度佛。又復受持三昧力故，得見未來一切諸佛。

時不空見覲諸佛已，即從*座起，齊整衣服，右膝著地，合掌恭敬白佛世尊，而說偈言：

三千大千水，　人或知其限，　善調御世尊，　戒品不可量，
假使曠劫思，　不能測其岸。　如有勇健士，　一吹震須彌，

佛入初禪定，千劫不能動。足履虛空遊，能知其邊量，
縱使窮劫中，不能度佛智。虛空無形量，狂風亦能動，
世尊無煩惱，莫能斷其辯。如日照虛空，其光甚明徹，
大仙尊輝相，映蔽於一切。猶月星中最，圓光甚可樂，
如是法月王，一切皆歸仰。譬如優曇花，世間所希有，
調御天中天，難值過於此。今者大聖尊，哀矜摩我頂，
金色百福嚴，憐愍利一切。深解真實諦，功德悉具足，
世依善宣說，言論人中上。敷演難思音，普聞十方界，
自然尊慈念，以手摩我頂．得見恒河沙，最勝世間王，
人中大牟尼。一念摩我頂，悉覩恒沙佛，猶如阿彌陀，
天中尊利益。一念摩我頂，得見不動界，阿閦兩足尊，
大悲所行處。一念摩我頂，得見滅度佛，一切世間師，
大慈所行處，善調伏諸根。我乘昔願力，即於摩頂時，

得見未來佛，彌勒世依等。即摩我頂時，得見過去佛，
亦得覩當來，十方難思尊。佛眼調伏尊，即時摩我頂，
復因宿妙願，得見清淨剎。如來不思議，神通亦復然，
智定諸功德，皆不可稱量。世尊慈悲故，哀愍見教化，
如來金色手，以摩我頂上，得見十方佛，金塔如恒沙。
復見十方界，無數諸如來，殊勝銀寶塔，莊校種種色，
百千衆伎樂，供養常不絕。我又見他剎，諸佛衆具塔，
金銀及頗梨，各高一由延。端嚴甚精妙，不可以言宣。
見諸牟尼塔，種種七寶嚴，住於虛空中，天花悉周布。
又見殊勝塔，高十二由延。及覩燈明佛，淨光照諸剎。
我復見處處，不思議衆塔，又覩餘勝尊，以手摩我頂，
佛以柔軟手，一念摩我頂，見彼諸如來，安住於剎土，
或復在空中，而現種種相。復覩諸菩薩，未脫衆惑累，

在無量佛剎，修習諸苦行，日夜常勤心，以求勝菩提。
又見處處*方，無數諸菩薩。常能為衆生，作諸利益事，
燒身發光明，以求道因緣。復見諸菩薩，安住於佛前，
供養滅度佛，無量珍妙塔，以求菩提利，及以大威德。
見十方法緣，燒身如燈炷，晝夜常修心，不懈於食息。
又見諸菩薩，捨國城妻子，頭目及髓腦，為安樂衆生。
我悉見彼此，普眼世間尊，威力得自在，不可以言宣，
如我所知者，世間最為上。天中天以手，哀摩我頂時，
即得見彼衆，歸命人中尊。

菩薩念佛三昧經不空見勸請品第八

爾時，不空見菩薩摩訶薩白佛言：「世尊！如來處室宴寂既久，此會大衆皆悉渴仰，嚴座已訖，唯願世尊哀愍一切，屈就斯座。」

時不空見更*整衣服，合掌向佛白言：「世尊！今欲請問，願少宣說，我當至心聽受奉行。」

佛告不空見：「恣汝所問，當為決疑，令爾歡喜，諸天、世人亦當證知。」

時不空見白言：「世尊！菩薩摩訶薩親近修習何等三昧，得見法樂增長其心，所聞三昧曠如大海，菩提之心安若須彌，外道邪風所不能動，於無礙法心亦無著，猶如虛空無所染污，破無明闇亦如朝日，施法光明若月盛滿，燒一切陰熾然猛炎，焚諸煩惱之大火聚。譬如江海一切諸水，水性之屬依之而活；又如大船，能渡彼岸；亦如橋梁，能令眾生不墮生死煩惱駛流；猶若波梨質多羅樹生諸眾生，七菩提花悉能普薰十方世界；如優曇花，世所希有；亦如良醫善療諸患，大悲廣救，應病授藥；如栴檀樹，能消熱惱；又如大雨，潤施一切；勝妙之法，味若香蜜；令眾無畏，如師子王；安樂眾生，過於慈母。深知法性，達義趣相，得義巧便，法相亦然；善於正道具足方便，如實說法，得安攝眾；開發眾生生死根源；一切法性如海一味；三昧安靜猶若山王，道心不動譬如帝幢。得堅固力，身相端嚴，威儀具足，無所染污，族姓豪勝功德備足；得無邊辯、無所著辯、無異句辯、不思議辯、無邊量辯、深解脫辯、成就勝辯、常忍辱辯、漸親近辯、問無問辯、無毀壞辯、無退轉辯、甚深句字種種說辯、甚深廣說章句字辯、無量無邊喻譬之辯，如是一切悉皆具足，未得道者，當令得道；及得梵音、意歡樂音、迦陵頻伽師子等音、大龍牛王鍾鼓美音、歌音、弦音、雷震之音；得於一切世間供養，具足六通到於彼岸；得無忘失憶持之法，獲諸善根，容儀軌則？」

時不空見以偈問曰：

金色百福嚴，　深解於真諦，　憐愍善利益，　聽我問諸佛：
應修何三昧，　具足淨功德，　人中無比尊，　衆智無過者？
我今問世間，　最勝無上主，　為行何三昧，　功德不思議？
云何諸菩薩，　而得人中上，　應當勤修習，　最勝寂靜定？
行此三昧已，　為世作利益，　云何得自然，　多聞如大海？
云何獲不動，　深妙之智慧，　住佛諸功德，　猶如轉輪山？

云何心不著，自然如虛空，摧伏諸外道，不起於惡心？
云何當修得，猶若日月等？又復當云何，同彼大燈炬？
求習何三昧，光明照一切？云何得消除，眾生老病累？
云何令一切，得度於苦海？云何得發心，敬禮三界尊？
云何如天花，相好甚明著，優曇時一現，值佛難於是？
云何如醫王，施藥滅眾病，善調伏諸根，安住於戒品？
云何如法王，度無邊功德？云何見法滿，猶如甘淨蜜？
云何師子音，施利於眾生？云何如慈母，施眾難思樂？
云何得四辯，行甚深菩提，為我說最勝，無上第一道？
云何能得說，無著大智慧？云何義巧便，得法不思議？
善知巧便相，知世出世法？云何能得意？云何復得道？
云何得憶念？云何安具足？云何得多聞，深廣若大海？
云何說諸佛，真實之功德？云何說眾生，生死之源本，諸法無異相，如海同一味？
菩提心安寂，猶如帝釋幢？
云何得端嚴，成就諸威儀？
云何得無邊，及得無著辯？
唯願世間依，為我分別說。
及以無著說，無失與忍辱，
梵音意樂音，迦陵善妙音，
云何得師子，大龍牛王音？
云何獲聰慧？願世調伏說。
無毀諸功德，常演震雷音？
云何衆譬喻，善說到六通？
勤修不懈惓，善法普眼尊，
於諸智不疑，歸趣求解脫，

云何得三昧，不動如山王，
云何得諸餘，不思議菩提？
云何得豪族，為功德法王？
云何得成就，不思句字義？
云何得最勝，無上莫能過，
親近不思議，有問無問等，
得修菩薩行？願尊教詔我。
云何得鍾音，絃歌與美音？
云何得說法，心常無厭足，
云何當得宣，種種甚深法？
云何不失法，百千歲生念？
若為十方界，說修不思議。
是以我今日，請問於如來。

時不空見菩薩摩訶薩如彼神通無作行力，於虛空中當世尊上，自然變成天妙寶蓋，七寶莊嚴種種微妙，於此蓋中雨衆雜花，遶佛三匝住在頂上，花傾恭敬向佛世尊。即於花中而說偈曰：

歸命於大聖，　正覺兩足尊，　諸天及世人，　無能與等者。

爾時，此花墮佛足上，復更踊起，起已自然遍散三千大千世界。復於蓋中雨栴檀末空中交紛，墮於佛上。俄爾之間，忽然不現，香氣芬芬充溢大千。是諸衆生聞此香者，身心安隱皆得快樂，猶如菩薩得四禪樂。

時不空見現神通訖，即白佛言：「云何菩薩得大智慧、速疾智慧、猛利智慧、無相智慧、甚深智慧、廣大智慧、普遍智慧、不懼智慧？云何獲得無上善根，心如金剛壞諸法相，身心柔軟，心大如海，戒品難量；心如磐石，其心柔和正直端嚴；心如山王，攝衆善法；心如大地，能安一切；得不信他，不譏彼闕；得善趣行，安住諸法；正向不謗無上世尊，生生恒得無離見佛，住此世界得見他方無量諸佛，聞法遇僧；又得攝取清淨國土，常得善根自利利他？是以我今請問世尊。我為解脫饒益眾生，為諸菩薩得不思議具足善根，請問如來。為被僧那忍苦大鎧，悲一切故，請問如來。為欲利樂諸眾生故，被弘誓鎧，無眾生想，欲度生死，無生死想，我恒如此利益眾生，是故我今請問如來。世尊！我於諸眾生所，不起壞心，亦無瞋罵、誹謗、毀呰及輕凌心，初無恚恨忿戾懟恨，無忘失意亦不嫉妒，不懷楚毒，行於慈悲。我如是相修學大乘，為利益故，請問如來。世尊！我今為眾生故，捨五欲樂，能忍眾苦，施一切樂，為諸眾生作法光明。世尊！我於內外諸法，心無悋惜，我如是相利眾生故，請問如來。世尊！我今被弘誓鎧，為一眾生於恒沙劫入大地獄，受諸苦惱，我未曾於一念之頃，退失無上菩提心也。是故，我今利眾生故，悉能忍受無量極苦，而不退於菩提之心，為一切故，請問如來。我今如此被弘誓鎧，為諸眾生作其僮僕，為利彼故，請問如來。世尊！我今為眾生故，捨於頭目髓腦之屬，悉忍斯苦不退菩提，如是相貌，請問如來。」

時不空見即說偈言：

云何習大智，　廣智與疾智？　我今故請問，　大雄世間師。

云何得甚深，微妙大智慧？最勝菩提道，唯願普智說。
云何無懼智，善巧隨順說，復得金剛心，於法不生惑？
云何得柔和，心無有垢染，清淨戒如海，不宿於死屍？
復得心如山，不動難思議？云何不信他，亦不譏彼闕？
決定行善趣，閉塞諸惡道，安住堅固志，歡喜心不壞？
云何得生念，又得於調伏，住此而得見，他方剎土佛？
既得聞說法，亦得值遇僧，欲得求供養，他方剎土佛？
種種妙花香，隨意以奉獻，欲求住此界，見諸無邊剎？
世依示神通，向諸十方國，我自饒眾生，亦無善友勸？
安住諸慚愧，自捨於己利，以利於他故，請問大勝尊。
若為求佛智，攝取不思善，為此利益故，請問於如來。
無著世間依，當修何三昧？如是為眾生，發弘誓大願。
免濟諸群生，種種諸劇苦，雖復勤修行，而無眾生想，

為利善趣故，　請問於如來。　於一切眾生，　常起平等心，
未曾有分別，　恒修於慈悲，　我為利益故，　請問於如來。
親近何等法，　疾得難思定？　調御說斯定，　顯示無邊德。
我發弘誓願，　為利一眾生，　於不思議劫，　恒受燒煮苦。
善哉令一切，　長得獲安樂，　永無幻惑心，　常修正直意，
恒捨內外法，　攝取諸眾生，　為作利益故，　請問普眼尊。
不瞋不惡口，　穢謗結恨等，　自身能忍苦，　為他作僕使，
是故我請問，　大威德世尊。　常以歡喜心，　勤修菩薩行，
捐棄無量頭，　以求勝菩提，　為益世間故，　捨目及手足。
眾生隨生死，　癡瞑無智慧，　何方救濟彼，　令得永解脫？
捨所愛妻子，　珍妙諸器服，　金銀頗梨珠，　無數眾寶藏，
為趣正道故，　請問於如來。　慧施常無厭，　聞法亦復然，
住於阿蘭若，　心無有懈退，　為此利益故，　請問於如來。

常求善言教，　聞惡恒捨離，　於諸群生類，　初無不善念，
為是利益故，　請問於如來。　慈心觀衆生，　如母念一子，
於讐不追怨，　更生隣愍心，　為利一切故，　請問人中王。
若獲諸福報，　設復無所得，　亦當為衆生，　請問大威尊。
我請自然尊，　若得少福者，　以此業果報，　疾得菩提定。

菩薩念佛三昧經卷第三

菩薩念佛三昧經卷第四

宋天竺三藏功德直譯

讚三昧相品第九

爾時，世尊告不空見菩薩摩訶薩言：「善哉！善哉！不空見！無勸汝者，乃能如是為諸眾生請問三昧，欲以解脫利眾生故，欲令眾生具不思議淨善根故，欲令眾生獲得三界最勝利故，為令眾生超出三界一切行故，為令眾生於諸有為得善義故，為令眾生深解隨順得饒益故，為令眾生於甚深法決定義故，欲令眾生尊說法故，欲令眾生敬重施故，欲令眾生捨諸有故，欲令眾生趣無上戒故，欲令眾生具足忍故，欲令眾生勤精進故，欲令眾生得禪定故，欲令眾生深重智慧，如金剛心善修定故，欲令衆生心離塵故，欲令衆生善攝心故，欲令衆生其心不動猶帝幢故，欲令衆生重法義故，欲令衆生不惜身命厭諸行故，以是等緣，請問如來。」

爾時，世尊告不空見：「汝今諦聽！善思念之，吾當為汝分別演說。」

時不空見即白佛言：「唯然！世尊！願樂欲聞。」

告不空見：「諸佛所說菩薩所行念佛三昧，此三昧者，諸菩薩等常應親近，精勤修習。既得修習此三昧已，即便增長見法安樂，增長無貪及以瞋、癡，增長慚愧、六神通等，增長得見一切諸佛，增長無數清淨佛土。得知宿命生死因緣，住胎清曠，母族豪勝，得微妙善大人相好，具足出家及捨大捨。得知衆生其行相續，具足多聞世出*世法；又得種種諸善法處，當得善學世無比法，復得善巧說一切法，及得了知前際後際字章句相，智慧備足；得善轉心，神通變化；善知過患，得廣大力；得知他方諸菩薩等，及以衆生精麁、白黑、長短、大小、處及非處，未成佛道，趣向具足。得不動念神通具足，常得大姓高族具足，端正威勢功德具足，得梵音等及以諸辯，無不具足，悉如上說。同如來生無生之生，常生中國不處邊地，欲求遍往他方世界，至諸佛所諮受正法，欲樂住此或遊十方，覲諸如來恭敬供養，彼此菩薩功德具足。」

爾時，世尊即說偈言：

不空見菩薩，有妙三昧王，我住智力故，深知此三昧。
菩薩應當修，得見十方佛，到六通彼岸，疾得菩提道。
見諸淨妙土，攝知生死緣，住胎既無比，母族又殊勝，
善修諸法行，相好皆具足。出家棄諸愛，人天所滯慾，
為利世間故，求於菩提道。生在豪姓家，永到甘露境，
具得六神通，圓足說真智。多聞持正法，獲得大自在，
多聞廣於海，如聞皆修行。具眾決定義，及知眾生本，
學習世出世，善法之所趣。獲得聰利智，捐去無知業，
棄捨有為事，行於無為法。亦得天眼智，天耳聞諸法，
憶念宿世行，知他心意識。欲樂現種種，諸妙神通事，

常善轉變心，開演於明脫。開發十力慧，廣利於世間，
知處及非處，諸法之所歸。說煩惱過患，常應修此定，
得趣向具足，得意無與等。得念及威力，得安行亦然，
姓族最殊勝，端嚴甚清顯。棄於有為行，無毀諸功德，
得大威勢力，人中最殊勝，猶如天帝釋，天中獨尊嚴。
欲得無比音，雄猛諸威音，成就義大仙，當求此三昧，
如龍歡喜行，普施電光耀，復降甘潤雨，霑洽於大地，
是龍所遊境，實為不思議。若安住最上，神通王三昧，
能作諸供養，奉獻無邊佛，猶如龍王雨，澤及於一切。
欲成就善教，親近最上說，攝取無為樂，當修此三昧。
種種深解脫，當宣諸妙偈，欲令一切衆，咸使得安樂。
常修是三昧，不離佛菩提，及與聲聞衆，得見他方剎。
若欲得諮問，此土之世尊，及諸他方佛，應修此三昧。

若欲見他方，　不思議世*界，　親近彼諸佛，　蒙光設供養，
往返諸剎土，　得無數功德，　應當修諸佛，　所說深三昧，
往往從生處，　恒得與佛俱。

菩薩念佛三昧經正觀品第十

爾時，不空見菩薩白佛言：「世尊！菩薩摩訶薩若欲成就諸佛所說菩薩念佛三昧者，應當親近修習何法？」

爾時，世尊告不空見：「若諸菩薩欲得修習諸佛所說念佛三昧，欲得親近諸佛如來，復欲疾得阿耨多羅三藐三菩提者，應當安住決定之心，又應永捨不決定心，捨我見心，知無我心。當觀此身如水聚沫，觀於色陰當如芭蕉，次觀受陰如水上泡，復觀想陰如熱時焰，又觀行陰如空中雲，觀於識陰猶如幻化。菩薩若欲入此三昧，應當深生怖畏之想，又宜具足慚愧之心，捨不怖畏而作怖畏，捨無慚愧，修慚愧心，具舍摩他、毘婆舍那，以方便智捨我無我，應習智脫及三空門。

又當深知三受生起，亦應捨離三不善根，即當起於三昧之聚，觀諸衆生猶如我身，觀四念處身受心法，觀四食患作無食想，所謂摶食、觸、思、識等，修不淨想及以慈悲，安住於喜，令捨具足，起諸禪定而不味著，亦不毀呰一切諸法；此身不實猶如幻焰，不樂長壽應當捨離；善防護心習學多聞，不慢於法勤護不謗，即得聞才及以法才。既聞法已，守護是義，尊重佛法，恭敬僧寶，近善知識，遠離惡友，不著世俗言論之味，恒能不離阿蘭若行，心常平等，憐愍衆生。其心不退，不懷嫉妒，稱量諸法心不染累，分別一切無數諸法，常求甚深方等經典，信心堅固，不生疑慮，常能精勤讀誦此經，即是諸佛無上道也。

「諸佛功德之所生處，應當如是真實其心，摧伏憍慢，至意聽受，增長正法，離殺、盜、婬、嬾惰、貢高、是非之心，捨存真我邪謗之說，除穢亂語滅諸諍論。心樂安住布施、持戒、忍辱、精進、禪定、智慧，諸波羅蜜皆悉具足。能捨頭目，心不退沒，如四大姓不可改易。身意精勤，不顧軀命，於四供養心無貪著，安住十二頭陀之行，不求己利及以名譽；捨心愛滯得四神足，離四顛倒及煩惱刺，渡於四流；於四威儀，修四念處。令得五根，修行五力，捨於五結，不求五欲福報之慶，捨五穢心修五解脫，善知五陰。棄六欲處及六身受，除六愛身，修於六念，知六識分，勤求六通。修七覺意，深知七界，所謂害界、恚界、出界、欲界、色界、無色界、及以滅界，除斷七使及七識住。捨八嬾惰，去八妄語，知世八法，得八大人覺，知八解脫，修八正道。捨於衆生九居之處，除九慢法，放棄九惱，親近修學喜等九法，又復勤習九次第定。捨十不善行於十善，方便精勤，求佛十力。

「又不空見！我今略說一切諸佛所說三昧，應當勤修念報佛恩，學三昧已，即得不退阿耨多羅三藐三菩提。而是菩薩以大智力，能為衆生說此三昧，其餘聲聞不能觀察、宣說、書寫、受持、讀誦。若能觀察、書寫、受持、讀誦之者，此人福業亦不唐捐，要當得值佛出於世。若諸菩薩教化受持，疾得不退菩提之道。又不空見！諸佛所說，念佛三昧名為要法，諸大聲聞所不能行，若人聞說此三昧者，將來之世必當值佛。」

爾時，世尊即說偈言：

若有修諸佛，所說深三昧，觀法心相續，捨不相續念。
善觀於陰身，離我無我想，此身不牢固，猶如水聚沫，
虛誑猶如化，亦如嬰兒語。觀色如浮雲，見受若水泡，
想如熱時焰，觀行陰無實，猶如彼芭蕉，觀五識如幻。
修慚愧恐畏，舍摩毘婆那，應遠無慚愧，除我無我見。
習如與解脫，及以三空門，又應知三受，捨三不善根，
常學三善根，求最勝三昧，勤行戒定智，速得甚深定。
離諸邪見等，正習此三昧，捨世眾諍論，常修出世法。
觀察身念處，受心亦復然，於法無疑惑，不久得此定。
常行禪解脫，不惜身壽命，多聞不貢高，不誹謗諸法。
聞法應受持，持已諦觀察，常供養諸佛，法僧亦如是。
若於善知識，恒念報其恩，遠諸惡知友，不聞邪師論。

應求讚善者，常共俱遊處，不遠阿蘭若，應求勝菩提。
等心於群生，不毀呰諸法，不染一切法，應知真實法。
捨諸非法行，不久得此定，除一切諸惡，及見真我者，
殺害慢婬盜，毀呰嬾惰等。不作諸惡口，邪論諍訟等。
次第說佛法，當求此三昧。施戒及忍辱，精進禪智等，
常勤精修習，成就此諸度，不久當得斯，功德定法行。
若捨內身分，及外財眷屬，不久得菩提，最靜心三昧。
若人心如地，水火風空等，皆悉當速疾，獲此妙三昧。
若有諸人等，身心甚端直，不貪著衣食，床褥及醫藥，
是人當疾得，如此之三昧。成就四正勤，具足四如意，
捨於四顛倒，及四煩惱刺，永度於四流，棄捨諸受取。
修行五根力，除斷於五結，不求五欲報，捨諸煩惱心。
應修五解脫，及五身三昧，諦知五陰法，深修六和敬。

遠離不恭敬，　除去六觸身，　觀六*受相續，　捨彼六愛身，
成就於六通，　深修六念處，　亦復勤專行，　六識之法分。
修七菩提分，　復行於七財，　念捨憍慢處，　除斷七種使。
當修如此行，　以求勝三昧，　捨彼七識住，　除此八妄語。
常修八正道，　得三昧不難，　得八大人覺，　行八解脫門，
知世間八法，　即為最勝智，　如此常修行，　得三昧不難。
自離於九惱，　亦不惱他人，　修喜等九法，　次當得三昧。
聰慧捨十惡，　修行十善業，　又能遵十力，　得三昧不難。
常受持善法，　捨諸不善法，　晝夜常攝心，　得三昧不難。
住此三昧已，　不思議力說，　常見佛金色，　亦得聞演法。
若欲見十方，　滅度現在佛，　及以未來世，　饒益眾生者，
是人當修此，　最上妙三昧。

爾時，不空見菩薩摩訶薩白佛言：「世尊！菩薩若欲成就一切諸佛所說念佛

三昧，云何當令其心相續？」

佛告不空見：「是諸菩薩若能至心憶念過去、未來、現在十方一切無量如來應、正遍知、明行足、善逝、世間解、無上士、調御丈夫、天人師、佛、世尊，悉知衆生往來生死，住胎具足，母族亦然；及善相好、四毘舍羅、慈悲喜捨、慚愧恐畏、威儀等行，悉亦具足；及舍摩他、毘婆舍那、解脫知行、諸解脫門、念處、正勤、神足、根、力、覺、道等法，皆悉具足；知昔四流及生具足；亦知衆生源始具足；生諸六通起大神足，戒、定、智慧及以解脫、解脫知見，無不具足；無礙解脫及無礙利，一切善法亦皆具足；色心清淨，境智清淨，金色等身，清淨具足。而此菩薩應如是念：諸佛如來至心不動，亦當安住無所著心。

「復應如是心相續觀：為何等法是如來耶？為以即色是如來耶？為當異色是如來乎？若以即色是如來者，色處衆生具足色陰，而是衆生應是如來。若以異色是如來者，除十二緣豈有如來？又以即受是如來耶？為當異受是如來乎？若以即受是如來者，一切衆生具足受陰，而是衆生應是如來。若以異受是如來者，除十二緣何有如來？想、行、識等亦復如是。

「為即眼根是如來耶？為異眼根是如來乎？若即眼根是如來者，一切眾生應是如來。若異眼根是如來者，除十二緣何名如來？耳等諸根亦復如是。

「為即四大是如來耶？為異四大是如來乎？若即四大是如來者，內外四大亦是如來。若離四大是如來者，除十二緣何有如來？地、水、火、風皆亦如是。

「菩薩如是相續觀已，明見色陰既非如來，異彼色陰亦非如來；又見受陰即非如來，若異受陰亦非如來；即想、行、識非如來者，異想、行、識亦非如來。又見眼根非即如來，見異眼根亦非如來；耳、鼻、舌、身非即如來，異耳、鼻等亦非如來。見色、聲等非是如來，異色、聲等亦非如來；見香、味、觸非是如來，異香、味、觸亦非如來；見意及法非是如來，若異意、法亦非如來。見即四大非是如來，見異四大亦非如來，地水、火、風亦復如是。菩薩如是心相續觀，於一切法得方便智。

「又不空見！汝以何法能得無上菩提道耶？為以身得？為以心得？若以身得

此身不淨，無所覺知如草木瓦礫，菩提非色無有形質，其相空寂不可見法，此身既如草木無知，云何當得菩提道耶？若以心得無上道者，心無形相猶如幻化，菩提無心亦無色貌，如幻如化云何可得？若諸菩薩得如此解，非身能得無上菩提，亦非心得無上菩提，不離身心得無上道。」

爾時，佛告不空見言：「應當如是觀於如來，作是觀者，名為正觀。又不空見！菩薩如是相續觀法，心不動搖，菩薩應當如是深解，則不退於三昧法也；又常離於不相續心，必當疾得無上菩提。」

爾時，世尊即說偈言：

心心相續念，　去來今現在，　一切普眼尊，　不久當見佛。
住佛大威力，　慈哀利世間，　憶念人中華，　調御功德尊。
當念昔生死，　住胎母族姓，　容相悉具足，　不久當見佛。
念佛八十好，　及宿世因緣，　恒集最勝業，　正念善法意。
念佛六神變，　及大自在通，　戒定智解脫，　皆悉得成就。

云何最上師，得此寂靜地？念慈世間尊，悲喜捨最上。
慚愧力無畏，世間威德師，念佛舍摩他，毘婆舍那等。
又念智解脫，及以三空門，具念修正勤，神足亦復然。
念根力具足，及以菩提分，念佛離生滅，獲此寂靜處。
念難思善法，色受皆清淨，想行及以識，清淨亦如是。
念佛真金色，安住無著心，觀何法名佛？攝心恒相續。
念色非如來，四陰亦如是，離陰非如來，想識應當知。
念眼非如來，耳等法亦然，離眼非如來，五情法皆爾。
念十二因緣，調心得見佛，念四大非佛，異此四亦非；
應了十二緣，見佛不為難。若使諸佛陰，而是如來者，
衆生悉有陰，亦應即如來。若欲得根力，當念十二緣，
陰非世間師，異陰亦如是。往昔諸因緣，相續恒分別，
是以能攝取，不思議智力。此身常無知，如草木瓦礫，

菩提無形色，　寂滅恒不生，　身不觸菩提，　菩提不觸身。
心不觸菩提，　菩提不觸心，　而能有觸相，　實為不思議。
此是佛世尊，　最勝寂靜處，　善能滅一切，　外道諸邪見。

爾時，不空見菩薩摩訶薩白佛言：「世尊！菩薩云何得知我見？云何復當得離斯見？」

爾時，世尊告不空見：「菩薩若欲捨我見者，莫著住處，當依無依。欲以法明利益一切，欲吹法螺擊大法鼓，欲造法船建立法橋，度諸衆生生死有流。欲觀身相及不相續，此身不淨穢惡充滿，膿血涕唾九孔恒流，無常敗壞眴息不住，危脆難信不可愛樂，猶嬰兒語虛妄無知。是身不實如水聚沫，縱復假以衣服飲食，香熏莊嚴種種寶飾，於百千歲恣隨其意，會當磨滅，長夜無益。如此身性是生死法，又為虫獸之所食噉；復於長夜，或在地獄、畜生、餓鬼、閻羅王所，受無量苦，未曾暫息；又於永劫處生死中，為他僮僕，策使萬端。此身長勤受衆苦惱，而初不能知苦、斷習、證滅、修道，行諸功德。此身雖小，受污甚多，應以是身施諸衆生，若有惜命施其以壽，若須力者當惠其力，須肉與肉，須血與血，當施須者，不求勿與。或於彼人無所利益，願以捨身善心因緣，除我見惑，得解無我，住是捨身思惟觀時，不復著於我見之惑，以不堅身修於堅身。又不空見！譬如村邑多有童子相隨出村，遊戲水邊，見水聚沫，是諸童子競取弄戲，而此聚沫不自覺知，為他所弄亦無痛痒。如是，不空見！若有菩薩觀自己身當知此心，猶彼聚沫無有分別。若此菩薩作是觀者，不久當得此深三昧，亦當疾得無上菩提。」

爾時，世尊即說偈言：

欲求最勝定，　得不思菩提，　永捨於我見，　常應觀此身：
無常苦不淨，　涕唾臭污等，　九孔流諸穢，　甚為可厭患。
虛誑無真實，　此是磨滅法，　眩惑猶幻化，　亦如水聚沫。
我此身危脆，　瘡疣之窟宅，　周遍皆臭毒，　無一可樂處。
養之初無益，　卒為虫狼食，　一切諸樂具，　供饍於此身。
會歸當朽滅，　終不得一實，　長勤無邊劫，　苦痛恒萬端。

地獄畜生報，　根本受苦處，　長夜增飢渴，　不可不思議，
衆苦所逼迫，　為此乖菩提。　我此身不實，　應施諸衆生，
解法心無惜，　所須便給之。　作此思惟已，　即唱如是言：
我今捨此身，　血肉隨意取，　若有惜命者，　我當惠其壽，
亡軀濟衆生，　為疾得三昧。　段段求水沫，　未曾得堅實，
我身亦如是，　求真不可得，　若得此正觀，　疾成菩提道。

爾時，世尊即便微笑。諸佛如來法皆如是，當于世尊微笑之時，面門即放種種色光，青黃赤白紅綠頗梨，上至梵天，從彼還下，遶佛三匝，復至頂上。斯光俄頃，忽然不現。

長老阿難即從*座起，更整衣服，右膝著地，合掌向佛以偈問曰：

最勝調御尊，　微笑非無緣，　無上世間師，　願為我宣說。
為以何因緣，　而現此微笑？　金色百福嚴，　善解於真諦，
哀矜利益者，　世間所歸趣，　為以何因緣，　而現此微笑？

無等人中尊，　最上無過者，　如來諸功德，　清妙無瑕穢，
復以何因緣，　而現此微笑？　住聖大悲尊，　一切所歸者，
已離諸煩惱，　以淨調御音，　唯願為我說，　微笑之因緣。
今日誰應得，　若此深廣義？　誰住堅固地？　誰國遇吉祥？
世間所歸尊，　何故現微笑？　一切所歸趣，　調御為我說。
願聞清淨人，　微笑之因緣，　若蒙聖開演，　疑惑則永除。

爾時，世尊告阿難言：「我向說此相續觀時，三萬人得法眼淨，八萬百千億那由他天，亦悉離垢，法眼清淨。復有三萬億那由他，比丘、比丘尼證阿那含。復有三萬比丘、比丘尼，及清信士女得無生忍。三萬眾生發菩提心，即皆修習菩薩之行，於人尊劫，悉當成佛，此是初發無上道心。復有九萬億那由他諸眾生等，悉皆不退菩提之道，當得作佛，號曰放光及離垢尊、釋迦牟尼、日光相佛、月光明佛、天中尊佛。九十二億那由他眾，發聲聞心，當成羅漢。」

爾時，世尊作是語時，聲震三千大千世界。佛以天眼見於十方，九十億百千

那由他諸佛剎土，其中衆生皆見如來放眉間光，名曰明焰，遍照十方。衆生見已，心驚毛竪。時彼剎土無量百千萬億那由他諸衆生等，遇斯光者，其中有得須陀洹果、斯陀含果、阿那含果、阿羅漢果，有多衆生發菩提心，皆不退轉無上菩提，於未來世當得作佛，皆同一號，號不退轉。

爾時，世尊欲令此義，光宣明顯，重說偈言：

我向宣說此，　心相續觀時，　即有六十千，　九十九億衆，
以聞法利故，　而發菩提心。　復有三萬人，　皆得聖慧眼，
已聞相續念，　寂定之菩提，　此等悉得免，　惡道之苦難。
八萬億諸天，　既聞如來音，　獲得淨法眼，　永離惡趣苦。
三萬億四衆，　得不起法忍，　度脫諸惡道，　無復苦惱患，
當得成佛道，　如春之敷榮。　三萬億諸人，　學於菩提道，
是人亦當得，　諸佛大威力，　既成無上道，　憐愍於世間。
六萬千天子，　學習於菩提，　樂中之樂行，　猶如彌勒尊。

無礙世間依，　以笑廣利益，　阿難汝當知，　皆有因緣故，
是以我今日，　示發此微笑。

菩薩念佛三昧經微密王品第十一

爾時，不空見菩薩摩訶薩白佛言：「世尊！菩薩摩訶薩云何當知安住慚愧恐畏等法，捨無慚愧，得此三昧？」

爾時，世尊告不空見：「此諸菩薩所以慚愧，身作諸惡而懷羞怖，口意行惡復生恥辱，嫉妒懶惰亦復如是。若起不善，恭敬諸佛，畏懼諸天及以世人，惡不善法可羞恥故，菩薩如是則住慚畏。捨無慚畏諸不善法，勤修衆善，護清淨行，默然閑寂，三業具足，不久亦當得此三昧，生生恒得值遇諸佛，當疾得於阿耨多羅三藐三菩提。

「又不空見！奇哉！希有！我念過去經阿僧祇億百千萬那由他劫，初第三劫名為善生，次復有劫名曰寶炬，次復有劫名蓮花池。時濁劫起餘一千年，次復有

劫名曰樂住，時有國王生此劫中，名勝微密，有大威德，勢力自在。王所住城名拘修摩清淨香聚，其城縱廣七十由延，有十二重七寶莊校，嚴麗光明如善建城。城北有地，名為離垢，此處有苑，苑名安隱，縱廣正等面十由延，周匝皆有諸多羅樹，其苑法式猶善建園。又不空見！爾時有佛，號曰明相如來、應、正遍知、明行足、善逝、世間解、無上士、調御丈夫、天人師、佛、世尊，出現於世。」

佛告不空見：「時明相佛與其眷屬住安隱園，所從比丘九十九億百千那由他皆阿羅漢，諸漏已盡無復煩惱，心得自在，所作已辦，所應學者皆悉已學。明相如來、應、正遍知於其晨朝著衣持鉢，翼從比丘入城乞食。時微密王聞佛當來，即乘大象，象名樂手，前後導從無數百千，皆共出城，奉迎世尊。又不空見！是微密王遙見佛來，光色相好微妙殊特，皆大歡喜，即便下象，趣如來所，頭面禮足，右遶三匝，即於道路請佛及僧。時明相佛默然許之。王既知佛已受其請，即於其夜掃灑燒香，嚴辦種種珍妙供具。復於城內遍竪幢幡，懸諸華鬘、瓔珞、寶蓋，牛頭香汁以灑塵坌，散種種花嚴飾於地，以篋盛花置於座前，作衆妙伎以用供養。

「又不空見！王辦供已，於晨朝時與諸營從，詣安隱園頂禮如來，白言：『世尊！食時已至。』時明相佛聞王請已，即如其相現大神通，與諸比丘俱昇虛空，放淨光明九萬百千照於東方，三方亦然。一一光中有八十億那由他等諸妙蓮華，一一華上有化如來，相好具足如明相佛。是諸如來眷屬無量，左侍帝釋，右侍梵王，猶如真實釋、梵無異。

「又不空見！明相如來現此種種神變相時，一念之頃，欲色諸天即作無量眾妙伎樂，以天栴檀多摩羅跋沈水華鬘，如是諸香以用供養明相如來。時彼世尊為王說法：『大王！當知諸行無常，有為皆苦，不實故空，一切諸法悉無有我。所以者何？此身不淨，九孔流穢猶糞中虫，破壞危脆念念不住，四大諸陰假以為身，飢渴寒熱恒來侵迫，虛誑幻炎猶水聚沫，不得自在磨滅之法，強名為人，無一可恃。是故，大王！當深觀察生死諸行，甚可厭患，當勤方便求速遠離。』時微密王聞是語已，合掌向佛而作是言：『如是，世尊！誠如聖教，有為諸行無常、苦、空，一切諸法皆悉無我，現見此身不淨臭穢，衆苦之聚，甚可厭患。』時王見佛神通相貌，及聞如來所說之法，即發阿耨多羅三藐三菩提心。

「又不空見！時彼如來知王已發菩提之心，與諸大衆俱受王請，乘虛而往，至城便下。是王從佛步入宮門，獻座已訖，次第而坐。王與群臣宮內眷屬，及國人民侍立左右，擎諸供饍，前受嚫願，各各授食，皆令充足。飯食已訖，漱口澡手，復以種種華香伎樂，名衣上寶而以供養。時微密王即於是日，捨四天下及八十四億那由他妃后婇女，以國王位付其長子，與八十億那由他人，俱共往詣明相如來，於彼佛所出家修道。王出家已，將欲請法，白言：『世尊！云何菩薩得諸佛所說念佛三昧若人能得此三昧者，當疾成於阿耨多羅三藐三菩提具足見法？』

「時明相佛告微密比丘：『菩薩有二法得此三昧，亦當疾成無上菩提。何謂二法？菩薩應當信於如來所說經典，此大方等諸佛行處，菩薩具足此二法者，得此三昧，當疾成佛。復有二法，何謂為二？舍摩他、毘婆舍那，復具二法，捨我無我，安住慚愧恐畏等法。菩薩若能具足二法，得此三昧，疾成正覺。』」

告不空見：「是微密比丘白明相佛：『云何菩薩安住慚愧恐畏之法，得此三昧？』明相如來告比丘言：『菩薩應當捨三惡業，無慚愧等諸不善法，住於慚愧恐畏之法，而是菩薩慚畏具足，捨諸不善修行善法，應護清淨身、口、意業。』又不空見！是時比丘於彼佛所聞說過患，即捨無慚恐畏諸惡，精勤攝心住諸善法，不失善法，欲令滿足。復更攝心安住正觀，觀一切法不增不減，亦不見法去來生滅。

「微密比丘作是觀時，不見諸法有種種相，觀十二緣如夢如炎，觀於諸法如影幻化，觀於諸法無增無減，觀於諸法無名無性，觀一切法無滅無生。微密菩薩如是修行，不久當得此三昧也。獲三昧已，辯才不斷，過六萬億那由他劫，當得阿耨多羅三藐三菩提。」

佛告不空見：「汝莫生疑！爾時，捨國出家學道微密王者，豈異人乎？蓮花上佛如來是也。微密菩薩安住慚愧，修習成就一切善法，不久便得如此三昧。

「又不空見！我今語汝諸佛所說念佛三昧，若有衆生不種善根，終不得聞如此三昧。」

告不空見：「若善男子、善女人等，曾於過去無量佛所，親近供養殖衆善本，方得聞此三昧寶王，何況書寫、讀誦、受持，分別解說，觀其義趣。是善男子、善女人等，所種善根無量無邊不可稱計，是諸人等修菩薩乘，方得少聞如此三昧，次第當得阿耨多羅三藐三菩提，唯除身證。」

時不空見白言：「世尊！是諸衆生不學大乘，為能得此三昧寶不？」

佛言：「如是！亦當能得。又不空見！譬如有藥，其質堅鞕不可斫刺，以石磨取，用之塗鼓，若有怨敵臨陣戰時，彼軍亦以毒塗其箭，聞鼓音聲，毒不能行。如是，不空見！若善男子、善女人等，少得遇聞三昧光聲，是人皆當得於無上菩提之道，唯除身證。又不空見！譬如衆生若依須彌金色之邊，其身即與彼山同色，所以然者，山勢力故。如是，不空見！若有善男子、善女人等，少聞三昧威光之力，當得阿耨多羅三藐三菩提，唯除身證。所以者何？而此三昧，功德最勝，不思議故。

「又不空見！譬如諸水悉入大海，同其一味，所以然者，以海力故。若善男子、善女人等，不能讀誦、持說、書寫，但得暫聞此三昧寶，一切皆當得無上道。所以者何？三昧力故。又不空見！若人正說諸佛法門得三昧母，說此三昧、是名正說。若人正說如是三昧，無量無邊功德之聚，攝取長養，是名正說。又不空見！菩薩摩訶薩修行布施，於一念頃以衆妙寶，奉獻恒沙諸佛世尊，以此功德，當得成佛。若人讀誦、受持、解說、書此三昧，功德勝彼布施之福不可稱計。」

爾時，世尊即說此偈：

我念往昔生，　調御明相佛，　一切諸世間，　咸共所歸趣。
慈悲哀衆生，　為說衆妙法，　是佛大知見，　明了三世法。
如此普明尊，　世間最為上，　如來不思議，　無量深智力。
開顯諸法門，　為利群生故，　發起大悲心，　拔濟無量苦。
明相善逝尊，　八億聲聞衆，　皆是阿羅漢，　諸漏悉已盡。
是諸應真等，　隨從法王*遊，　時有安隱園，　在城東北隅，

大仙經行處，恒與聖衆俱。時有轉輪王，微密勇健士，
憐愍一切故，導從出彼城。是王遙覲佛，其心甚寂怕，
相好殊世表，威儀亦無比。王即步奉迎，往到世依所，
既至如來前，頭頂接足禮。合掌恭敬已，往住於一面，
請佛受明供，世尊默然許。王知佛垂許，還勅諸官屬，
灑掃宮城內，嚴辦諸餚饍。王復到佛所，白言食時至，
世尊若矜愍，願時屈威神，與諸聖衆俱，至當奉微供。
時佛聞王請，即現大神變，普放千億光，遍滿十方剎。
一一光明中，化作億蓮華，大悲愍衆生，為衆現斯瑞。
又告不空見，彼諸蓮華中，有大威德王，相好特端嚴。
各以最勝意，廣說諸佛法，諸行皆無常，苦空亦如是。
無我恒不實，此為磨滅法，有何聰慧人，而生樂著心。
諸行猶幻炎，破壞流動法，大悲明相佛，演說如是法。

諸天見世尊，奮大神通時，作衆上妙伎，廣設香花供。
善哉佛威力，不可得稱說，王覩神化已，兼設妙供養。
捐去四天下，及以五欲樂，出家守一心，以修菩提道。
是王學道時，問彼明相佛，安住何等法，得佛力三昧。
時佛說二法，如是應當修，得此深妙定，施不思議樂。
聞佛說法已，踊躍充遍身，即發菩提心，當得此三昧。
微密比丘者，蓮華上佛是。若人信如來，不誹謗此經，
是人住佛境，疾得此三昧。若人畏生死，心不著於我，
常修舍摩他，及毘婆舍那，是人如此相，疾得此三昧。
安住慚恐畏，常修於*正捨，利智勤苦行，速得此寂定。
觀法無增減，一切如虛空，是聰慧菩薩，疾得此三昧。
不見諸法起，亦不見其盡，恒觀法無常，亦如夢幻等，
常能勤習行，不久得此定。不見法異相，唯覩無生滅，

又如影響炎，當得此三昧。觀諸法平等，無有差別相，
內既無身想，觀外亦復然。不見其名字，亦無有生滅，
若能如是觀，疾得此三昧。時微密比丘，如是諦觀已，
初中及後夜，其心常相續。既聞如來說，不久得此定，
即於一念頃，而證此三昧。得不斷菩提，即覩十方佛，
具諸有為行，其心漸清淨。比丘在生死，滿十六千劫，
曾供無量億，諸佛之世尊，然後獲寂定，得於無上道。
佛告不空見，莫心疑不信，汝是聰哲人，勿懷於異見，
爾時比丘者，蓮華上佛是。我今語於汝，諸天及世人，
若欲觀一切，無量諸法者，是人當應修，如此妙三昧。
若有人樂欲，生無量功德，施衆難思樂，當持此三昧。
若人樂欲見，十方三世佛，復樂轉法輪，當持此三昧。
若有人樂欲，具足諸相好，深知生死緣，亦備衆善本，

是以當勤持，如此勝三昧。若有人樂欲，遠離諸惡趣，
為利衆生故，當持此三昧。如是善人等，昔已曾供養，
非一二與十，無量億諸佛，求最上菩提，得持此三昧。
若人樂欲求，正念聞三昧，已曾多供養，過去無量佛，
是人久勤修，過去所行道。若人於彼處，聞說勝三昧，
即發歡喜心，踊躍意無量，昔已曾供養，多億天中天。
若人於此經，常修相續心，讀誦及解說，受持與書寫，
是人已曾見，無量大明力。譬如戰場所，他陣放毒箭，
以聞藥鼓聲，毒消得歡樂。若人聞如是，勝定妙三昧，
為他說此法，得明三昧力，當來必成佛，唯除身證者。
如須彌功德，依者同其色，行者有深慧，聞定亦復然。
若有人得聞，最勝三昧聲，斯人功德聚，猶如大海量，
決定明三昧，當得於菩提。譬如江河水，悉入於大海，

異本衆流相，皆同一鹹味。若人聞如是，微妙之三昧，
即同菩提性，無異無分別。若有諸菩薩，於多億劫中，
勤修行布施，為利一切衆，諸佛世依所，廣植無量業。
是諸菩薩等，涉歷無數劫，雖行布施業，得福未為多，
慈心說三昧，功德勝於彼。如母能生育，此三昧亦然，
顯現難思議，諸佛之功德。是人聰慧故，常修此三昧，
不久當疾得，無上自然佛。

菩薩念佛三昧經卷第四

菩薩念佛三昧經卷第五

宋天竺三藏功德直譯

三法品第十二

爾時，不空見菩薩摩訶薩白佛言：「世尊！菩薩摩訶薩具足幾法，得此三昧？」

世尊即告不空見言：「菩薩若能具足三法，得此諸佛所說三昧。何者為三？所謂不貪、不瞋、不癡，如此善根，若是菩薩住於無貪，便得滿足檀波羅蜜。心得安住如此法已，攝取不貪清淨善根，永離貧窮恒得豪富，具大威勢如日光曜。如是菩薩所修功德，皆為一切諸眾生故，所可宣說無不信受，得此三昧，不以為難，亦當疾成無上菩提，菩薩具此妙善功德，天人敬信。

「菩薩若復能修不瞋善根之行，滿足忍辱波羅蜜也。若是菩薩安住忍度，若人罵詈，刀杖加之，解其支節斷其頭首，不生一念忿惱之心，亦不說他諸惡過咎，攝取不瞋清淨善根，慈心為利一切眾生，是以修行如此三昧。菩薩安住此三昧已，得與諸佛世尊常俱，乃至夢中不離見佛，經行坐臥皆獲安樂，諸天護念不見惡夢，寤寐歡喜。刀不能傷，毒亦不害，水所不*漂，火所不燒，所資四事恒得豐足，亦為一切皆令歡喜，疾當得於無上菩提。

「若是菩薩除捨無明，具足不癡善根之時，正觀修行毘婆舍那，即便攝取不癡善根，於一切法決定巧便，滿足般若波羅蜜也。他來問難，疾能答對。菩薩具足如是三法，速當得此三昧之寶。

「又不空見！若是菩薩復具三法，當得此定。何謂為三？應觀一切諸行無常，應觀一切諸行皆苦，應觀一切諸法無我。菩薩具足如此三法，當得斯定，疾成佛道。又不空見！若是菩薩復具三法，當得此定，疾成無上菩提之道。何者為三？所謂供養現在諸佛，及以滅度如來舍利。若以花香、幢蓋、繒幡、種種珍妙而以奉獻，若自供養，勸人令行，復應發願作如是言：『以我善根布施因緣，願得諸佛所說三昧。』又不空見！復當讚歎現在如來、般涅槃佛真實功德，讚戒功德，定、慧、解脫、解脫知見，威儀神通教化辯才，阿蘭若行，及以慈悲喜捨之法。復更殊勝讚歎佛法，儀容相好，無量功德。既讚歎已，復發願言：『若我讚歎諸佛功德，設獲微福以此善根，當得諸佛所說三昧，疾當得成無上菩提。』

「又不空見！菩薩摩訶薩於諸佛所，聞此三昧功德名字，有三隨喜。何謂為三？如過去佛往昔已曾修菩薩行，求阿耨多羅三藐三菩提，如彼諸佛求是三昧，我亦隨學求此三昧，亦為自利及利他人。聞三昧已，即生隨喜，我亦當復隨彼隨喜，此是第一隨喜者也。又不空見！如彼未來諸佛世尊，亦當修習菩提之行，聞此三昧自利利他，生於隨喜，我亦隨喜，是名第二。若諸如來住現在世安隱住快樂，斷不善行，捨諸惡趣，變化幻術，種種伎樂，圍碁博奕，一切諸惡悉皆離之，深定大悲，無不具足。如彼諸佛往昔已曾修菩薩行，聞此三昧，即便求之，生隨喜心，我今亦爾，如過去佛隨而喜之，是名第三。

「又不空見！此三隨喜與發願俱，若我所獲善根功德，願使眾生常得是定。又不空見！菩薩具足此三隨喜，亦當疾得如是三昧。又不空見！若善男子、善女人等，隨喜斯定，得此善根功德之聚，為此善根，以譬明之。如有一人以彼三千大千世界恒河沙為聚，於大聚中撿取一沙，擲過無量不可思議億那由他無邊世界，復取一沙擲過無量無數世界，如是次第盡大沙聚，此諸世界，若善算師、算師弟子能得邊際，知其數不？」

時不空見即白佛言：「如此人者，不能知也。唯舍利弗不退菩薩，乃能知此世界之量。」

告不空見：「不可思*量若干世界滿中珍寶，其高過於諸天所居，乃至非想非非想處，以此珍寶施諸眾生，此善男女得福多不？」

時不空見即白佛言：「甚多！世尊！無量無邊。」

爾時，佛告不空見言：「我當語汝！若善男女於諸佛剎滿中珍寶，以用施於一切眾生；若善男子、善女人等，聞此三昧三隨喜已，發願求於無上菩提，亦復欲樂修於多聞，是善男子善女人等，所獲功德勝彼施福，無量無邊不可稱計。」

佛告不空見：「此念佛三昧即是一切善根之母，如是說者，名為正說。」

菩薩念佛三昧經勸持品第十三

爾時，世尊告不空見：「乃往昔世過阿僧祇阿僧祇無邊大劫，爾時有佛，號寶勝光如來、應、正遍知、明行足、善逝、世間解、無上士、調御丈夫、天人師、佛、世尊，出現於世無與等者，一切人天所共恭敬，解脫調伏度生死岸，無上最勝第一世尊，為護一切世間之師，今世、後世皆悉明了，所可說法初中後善，其義深遠，其語巧妙，具足清白梵行之相。時寶勝光如來世尊於彼經行，與三萬億百千聲聞，皆住學地，人天恭敬。是寶勝光佛從臥而起，心生念言：『此諸聲聞皆住學地，當隨所樂，為說深法，令彼速得盡諸有漏。』」

告不空見：「寶勝光佛即時便現大神通力，令此三千大千世界遍滿其中，皆成烟炎。是諸聲聞見此神變，不生怖畏，皆大歡喜，譬如比丘得四禪樂。」

告不空見：「寶勝光佛於夜後分為說法故，即現種種神通變化。時寶勝光佛告諸聲聞：『汝等比丘見此三千大千世界烟炎不耶？』比丘白佛：『唯然！已見。』『比丘！當知有為諸行無常、苦、空，一切諸法皆無有我。所以者何？此身不淨，九孔常流臭穢充滿，諸行無常輪轉之法，危脆不堅一念不住，生老病死之所逼切，猶如幻炎、水聚泡沫，無人無主猶若草木，甚可患厭，應速遠離。』」

佛告不空見：「是三萬億百千聲聞，聞寶勝光佛說是法時，是諸比丘見法住法，選擇善法，度四顛倒，於佛、法、僧得淨善法，能不信他皆得漏盡。時諸聲聞同聲白佛：『如是！世尊！有為諸行無常、苦、空，一切諸法皆悉無我，此身不淨，九孔流溢甚可厭惡，應速捨離。誠如聖教！誠如聖教！』

「又不空見！有三示現：神通示現、教詔示現、說法示現。時寶勝光佛以此示現，如是調伏諸聲聞眾，度三脫門空無相願，及三萬億百千那由他諸菩薩等，皆當得成無上菩提。」

告不空見：「是諸菩薩聞彼世尊說寶三昧，聞化人天八萬四千億百千歲，轉法輪已，然後滅度。」

時不空見白佛言：「世尊！彼寶勝光如來出世，調伏聲聞，為有幾何？正法像法，住世幾歲？」

爾時，世尊告不空見：「如是三千大千世界一切星宿可知其數，寶勝光佛諸聲聞衆無量無數不可限量。寶勝光佛般涅槃後，正法住世足八十億那由他歲，像法住世十二億歲。於是中間有佛出世，號曰慈行，壽不可稱量，其佛身長足一由延，國人身量六拘盧舍，蓮花周圓亦復如是。悉以此花遍布大地，一切衆生遊息其上。

「爾時，世界名多蓮花，其地柔軟猶如鹿茸，若觸身時，狀若天衣，一切衆生快樂無極又如自在諸天宮殿。是諸衆生欲度東海，眴頃之間便到彼岸，南西北方亦復如是。若有衆生凡欲所之，發心即至。是寶勝光佛初成道已，時四海內其地縱廣足八萬億百千那由他，諸聲聞衆悉滿其中，諸阿羅漢皆各一食，唯除阿難、金剛密迹及阿逸多，八十那由他不退菩薩，請彼慈行如來世尊，為諸菩薩說此三昧。將欲分別顯示之時，一音之中而說偈言：

若人勤方便，　求習出家行，　競修最勝法，　摧破四魔軍，
猶如大象王，　踐踏衆小草。　若人欲疾得，　寂定菩提道，
為諸衆生故，　修行此三昧，　敷演淨妙法，　施彼一切樂，
是人則與佛，　同其大悲心。

「爾時，慈行佛般涅槃後，有一比丘名曰樹王，族正法中，廣宣流布是妙經典三昧寶王。有轉輪王號帝幢天，有大威德，政法治世。是王有城名帝幢處，縱廣正等十二由延，城郭、樓觀皆是真金，種種綵畫衆寶莊嚴。其城四面各有三門，國界嚴飾如善建城。又不空見！時王帝幢於夜後分眠寐之中，有淨居天來至其所，即於夢中而告之曰：『大王！當知有三昧名諸佛所說念佛三昧，若有菩薩修是三昧，恒生淨土，不離見佛，世出世辯無不具足，必當疾得無上菩提。』時王忽然於夢驚寤，猶見此天故在其前，即白天曰：『誰能受持如是甚深念佛三昧？』天告王曰：『去此不遠有大比丘名曰樹王，常樂受持、讀誦、敷演、如說修行

是深三昧。』

「爾時，帝幢從彼天所，受此三昧及比丘名，至心憶持不令忘失。即於晨朝捨四天下金輪七寶，及八萬億無數百千宮人婇女，為求三昧甚深法故，即與眷屬同時捨家，俱共往詣樹王比丘。又不空見！時彼四衆天龍八部皆共圍遶，有九萬億欲界諸天，八萬那由他諸菩薩等，亦與眷屬恭敬圍遶，樹王比丘時為大衆，說此甚深念佛三昧。帝幢大王即至其所，以天真寶散比丘上，五體投地，至心頂禮。復持八萬淨妙金花，天曼陀羅沈水末香，又以敬心奉散比丘。供養既畢，即與眷屬皆悉出家，被淨法服，為欲修習此三昧故，供養恒沙無量諸佛；與其眷屬求是三昧，八萬四千億那由⊙他歲，衣服、飲食及諸珍寶，親近供養樹王比丘，常自受持，讀誦、解說、如說修行是妙三昧，亦化一切無量衆生，大悲為心，初無懈惓。帝幢菩薩及其眷屬，聞樹王師說此妙法，至心受持未曾暫捨，深生恭敬恒如佛想，精勤修習，初不休息。樹王比丘皆悉成就彼八萬億百千比丘，修菩薩行往不退地，然後滅度，彼諸眷屬皆亦命過。爾時，復有佛出於世，號閻浮幢如來、世尊十號具足。帝幢比丘既值世尊，供養恭敬，諮稟如是甚深三昧，受持、讀誦、如說修行，饒益一切人天世間，皆得無上菩提大利。帝幢比丘廣宣流布諸佛所說甚深定故，過三千劫當成正覺，又能成就九億百千那由他等無量眷屬，皆悉安住不退菩提。」

爾時，世尊告不空見：「時帝幢王大比丘者，豈異人乎？今現成佛號曰高行如來、世尊、應、正遍知十號具足。又不空見！汝今當知！以是三昧威神勢力，饒益如是無量眾生，以少聞故常值佛世。又不空見！若有菩薩少得聞此三昧名，故常值佛世，何況菩薩於今現在，若得聞遇此三昧經，受持、讀誦，其福如上，已不可量，何況復能廣聞、受持、讀誦、解說、如說修行！又不空見！若有菩薩乘於大乘、辟支佛乘，及聲聞乘、人天之乘，若善男子、善女人等，或得暫聞是妙三昧，是諸菩薩及善男女，皆當疾得無上正覺。又不空見！是諸人等，譬如有人在閻浮提，見彼明相，決定必知日出不久，大光普照，閻浮提人因日光明，能得分別青黃等色。如是，不空見！若有行者略聞諸佛所說三昧，是善男子、善女人等，不久當得無上菩提，猶彼明相知日必出，汝當深信此妙三昧，受持憶念，勿生疑惑。又不空見！善男子等如劫將盡六日出時，一切大地皆成煙焰，七日出時，三千大千世界之中一切洞然。如是，不空見！善男女等學大乘者，有不學者，若得少聞此三昧寶，書持、讀誦、解說其義，皆當疾得無上菩提。又不空見！善男子等譬如掘井若見淤埿，必定知水不復遠也。

「又不空見！若有菩薩及諸眾生，於佛所說念佛三昧，應當書寫、受持、讀誦、解說其義、如說修行，憶而不忘，是善男子、善女人等，不久疾得無上菩提。又不空見！善男子等譬如有人吞金剛丸，時諸聰慧善男子等，必知此人定死不久，以此金剛極難消故。如是，不空見！善男子等若人於是妙三昧寶，受持、讀誦、廣說深義，乃至少聞三昧妙法，此善男子、善女人等，不久當得無上菩提。所以者何？諸佛所說念佛三昧如金剛故，過去、未來、現在諸佛、應、正遍知之所宣說，分別選擇威神守護，令諸行者不失作業，菩薩應當如是修習，恒欲利益一切世間，是名菩薩乘此樂行，如忉利天歡喜之園，若有見者，身心踊悅。菩薩如是得此三昧，疾成無上菩提正覺，於所未聞諸章句等，若欲習學，得亦不難。妙哉！往古一切諸佛，為利益故，分別示現，令滿句義，安住法界，諸大菩薩攝持擁護，敷演教化，令樂正道。如是法門次第儀式，菩薩大士皆應當知。又不空見！若有菩薩於此諸佛所說三昧，若少聞者，是諸人等皆當疾得無上菩提。又不空見！是故，我今為汝分別開示演說，汝又當知若得聞此諸佛所說念佛三昧受持、解說，不久疾得無上正覺菩提之道。是故，汝今應當受持、讀誦、修行、乃至書寫，亦當廣為一切四衆、國王、大臣、沙門、婆羅門及諸異學分別解說。所以者何？此等若聞，當得滿足無上菩提。

「又不空見！若善男子、善女人等，應當決定至心淨信此深三昧。所以者何？皆是往古一切諸佛之所稱讚，汝今當以不思議意，至心憶持，深信此定，精勤修習令心相續。所以者何？此三昧者，皆是諸佛真實之說，隨順佛說至佛行處，選擇分別佛所證知甚深寶財，諸佛本事往生因緣，諸佛法藏究竟秘密，諸佛聖印，如實*智性諸佛真身。又不空見！此三昧者，出生行人無量善根，恒得生於大剎利家、大婆羅門、及餘勝家，得大威力，終成菩提。所以者何？諸佛所說念佛三昧甚深妙典，能施衆生不虛果故，亦令行者得無邊福。若有聞者，是人獲得無量無邊阿僧祇等，不可思議諸功德聚。

「又不空見！我今當說譬況之法成滿此義，如有智人開譬則解，猶若大施諸菩薩等，常於清旦及以中晡日皆三時，如來三昧憶念力故，以諸珍妙一切雜寶，遍滿恒沙大千世界，常以奉施億千恒沙如來世尊及聲聞衆，經百千億那由他等恒河沙劫如是大施，以求阿耨多羅三藐三菩提。」

告不空見：「此大菩薩所得功德，寧為多不？」

不空見言：「甚多！世尊！無量無邊不可思議。」

告不空見：「我當為汝分別解說此施善根，如此諸佛所說三昧，第一真實佛口所說。若能書寫、受持、讀誦、敷演分別解說之者，出生無量諸功德聚，比前功德其福甚多，何況聞已勸人受持，廣為四衆分別解說！又不空見！我今說此功德寶聚不可窮盡。」

菩薩念佛三昧經諸菩薩本行品第十四

爾時，不空見菩薩、善現菩薩、善歡喜菩薩、無量示現菩薩、無量力菩薩、無量幢菩薩、無量明菩薩、無量勝菩薩、無量智菩薩、無量修王菩薩、無量意菩薩、無量勝思菩薩、無量定菩薩、分別一切法意菩薩、分別虛空意菩薩、分別無著意菩薩、無量寶意菩薩、一切寂定自在菩薩、善教詔意菩薩，如是等比九萬百千億那由他，此諸菩薩而為上首，即從*座起，更*整衣服，右膝著地，合掌恭敬，白佛言：「世尊！我等於此諸佛所說菩薩念佛甚深三昧，憶念、受持、書寫、讀誦、廣分別說、如說修行，令心相續乃至菩提，常當受持分別宣說。所以者何？我等皆於諸佛所說甚深經典，種種相貌未曾滿足，若有多人欣樂勤修，即能增長建立安樂。所以者何？若能次第修行是法，書寫、讀誦、亦教他人受持、解說，必能滿足無上菩提，漸漸增進成就無餘。」

爾時，世尊知諸菩薩摩訶薩等心之所念，以佛常法即現微笑，於其面門放雜寶光，所謂金、銀、琉璃、車璖、馬瑙、珊瑚、虎珀、赤真珠寶，種種無量微妙衆色，其光普照無量世界，明耀朗徹乃至梵世，從上還下，住佛頂上，譬如淨喜天寶帝幢，微妙脩直甚可愛樂，此剎三千大千世界，皆悉莊嚴猶若瓔珞。

爾時，大衆諸菩薩等，覩斯神變，咸共驚歎：「善哉！希有！如來神通。」

時有菩薩摩訶薩，名慚愧安定發衆意行，即整衣服，右膝著地，恭敬合掌，瞻仰世尊，以天沈水細末妙香，及天曼陀奉散世尊，即於佛前，而說偈言：

調御無與等，色身妙相嚴，猶如天花樹，香氣遍十方。
具足善行意，修習無量智，調御大威尊，慜利諸惡趣。
唯願無量智，為說微笑緣，最勝無邊智，大威無等等，
何故現微笑？願說其因緣。此三千大千，一切諸世界，
嚴飾如花纓，淨若忉利天，見者皆歡悅，何因現斯笑？
盲瞑得明視，聾者獲聰聽，狂亂果正念，喑啞皆能言，
以何因緣故，示現斯微笑？象馬及衆鳥，皆發和雅音，

一切諸樂器，　不鼓而自聲，　今以何因故，　天尊忽微笑？
上方諸天等，　及下世間人，　一切妙音樂，　悉演殊美聲，
何因示斯笑？　唯願為顯說。　善哉甚希有！　人天皆相見，
以何因緣故，　示現此微笑？　調御兩足尊，　矜愍眾生故，
願聞尊笑意，　令我得淨善。

爾時，世尊知慚愧安定發眾意行菩薩，及餘大士請問意故，佛即宣說如恒沙等應正遍知之所說偈：

告諸菩薩眾，　汝等且應觀，　彼六萬八千，　諸善男子等，
往昔已墮落，　今還修菩提，　皆誓言我等，　各住生死中，
當來牟尼所，　當受持此經，　皆樂聞此典，　最勝不思議。
諸佛所說法，　心常無厭足，　我今當告汝，　此諸菩薩眾，
非唯一佛所，　發斯深敬心，　憶念於往昔，　三萬六億等，
百千那由生，　為攝法利故，　爾時於是處，　初起一切行。

又於彼前生，恒沙大智所，是處初起行，攝取最勝法。
明慧人求法，心常不滿足，恒捨身命財，以求菩提道。
憶昔恒沙等，不可思議劫，時有正覺尊，無量大勝光，
是處初起行。為求法利故，又於寶勝炎，大明及電光，
難思照一切，是等大仙所，三業持此法，為攝最勝道。
日光及月光，難思功德海，具足一切行，如是諸佛所，
是處初發心，為求勝菩提。又於彼前生，值遇猛盛光，
及與師子佛，於彼如來所，三業受斯法，求第一菩提。
於彼過去世，諸佛恒相繼，師子幢如來，功德悉具足。
是處又發心。為求法利故，復有他方佛，號曰勝帝幢，
調伏聞世間，於彼諸佛所，為求勝法故，攝取無上慧。
無量智生等，不思議諸佛，法音聞高遠，如是世尊所，
三業受斯法，求第一菩提。昔於善眼佛，猶無邊*大幢，

發此猛利心，求無量菩提。又於光力王，變化神剎土，
住是大仙所，以求勝菩提。光炎生調御，無量相德明，
於彼初發心，求此三昧寶。炎光及大衆，明聚降怨佛，
如是世尊所，求法施衆樂。一切光如來，難思及日明，
無量力善逝，無邊定意佛，於彼諸世尊，發心施法樂。
金花大聖尊，善花香正覺，阿蘭若行佛，無漏如來等。
如是諸佛所，敬求最勝道。此方及他剎，過去無量智，
於彼兩足尊，受持此三昧，身口意勤修，求第一菩提。
以此諸善業，供養天中尊，具足滿八萬，常求無上道。
是諸菩薩等，死此離惡道，一切共俱生，恒奉人天尊。
永離邪惑法，不生卑賤家，遠離惡知識，親近於善友。
攝取諸功德，乃至於菩提，當於未來世，值遇彌勒尊，
供養天中天，攝取勝菩提。慈氏尊滅後，師子佛調御，

於彼世尊所，為法淨三業，攝持諸勝行，以求正覺道。
賢劫中千佛，無上兩足尊，當為此菩薩，宣說深妙法。
是諸善逝子，必獲無礙色，過此賢劫已，無量光如來，
月顯及賢觀，相繼出于世。賢觀佛滅度，其間甚久遠，
多羅幢如來，紹繼廣開化，彼諸敏慧人，為法設妙供。
多羅大聖尊，既入于涅槃，分別世如來，其後次成佛，
為深三昧故，奉敬彼法王。分別佛滅後，示現尊出世，
示現聖日沒，花上世所依，次第成正覺，當生一切見。
花上既善逝，優鉢羅勝佛，出現調世間，當供兩足尊。
優鉢羅滅度，拘修摩世依，其次成菩提，彼佛慧日沒，
莊嚴大勢尊，於是出于世。莊嚴聖眼滅，次有衆智勝，
於彼為法故，廣設無量供。衆智勝滅後，善現佛大智，
當興于世間，善現泥*洹已，妙持世依師，次為調御尊，

妙持如來後，善圍遶世尊，第一智當興，於彼求菩提。
善圍遶佛滅，無量光正覺，大勝無邊明，現前最法王，
如是三調御，相繼出于世。現前慧日沒，最熾念王興，
為此法利故，供養難思議。知彼當來佛，一切世主上，
受行此菩提，為求法壽命，以是諸善業，於此界命終。
得供無量壽，大威降怨佛，既值人中尊，廣設無邊供。
為得法義利，攝第一菩提，住彼諸世界，衆多世智所。
為利益衆生，不求五欲樂，奉敬多億佛，當成無礙智。
憐愍脫衆苦，安樂諸世間，獲最勝菩提，彼剎廣難議，
衆寶妙莊嚴，無邊淨妙樂。若億那由他，是諸菩薩等，
讚人中法王，不思議佛智。我今告汝等，諸天及世人，
若求學佛智，則與如來等，是人樂佛智，求習勝菩提。
以求菩提故，應獲人尊法，諸天龍夜叉，迦留摩睺羅，

及諸拘槃茶，常深護佛法。若人求菩提，護法應如子，
若求佛菩提，則得大果力，端嚴甚殊妙，色像如真金。
常為一切衆，普慧深遠義，具足不思議，一切諸功德。
淨色百福嚴，世間最上寶，人天無比尊，龍鬼莫能議。
是人依菩提，得供最勝仙，為利衆生故，開示深定法。

菩薩念佛三昧經正念品第十五

爾時，衆中思義菩薩、捨非義菩薩、心勇健菩薩、分別心菩薩、無慳意菩薩、拔煩惱菩薩、善思義菩薩、衆智菩薩、無縛菩薩、衆光菩薩、智燈光菩薩、造智知識菩薩、無等煩惱菩薩、帝幢天子、他化天子皆共恭敬，而白世尊：「今言諸佛之所說者，何故名為諸佛所說？云何*佛說☆？何者是佛？當云何念，名為念佛？為起身念？為起法念？」

爾時，世尊告諸菩薩：「善哉！善哉！諸善男子！汝等所問甚深難思，皆是

承佛威神之力，生此樂說無礙辯才。諸佛所說，名為佛說，正念諸法真實之相，是名念佛。何謂正念？莫著一切諸惡誹謗，應修一切無譏謗法，當離於我，及以非我，不見衆生、壽命、宰主、育養、士夫、人及生者，莫著作者，使作之者；陰界諸入想所緣處，於一切法，今世、後世、乃至三界無依無染；我見諸行無取無捨，禪定、解脫及六神通、如意、根、力、菩提覺分、毘舍羅等無量善法，略說九萬億那由他不可思議甚深三昧，一切諸佛常所念法，佛方便慧，隨而書寫、讀誦、敷演方等經典，說佛功德，名佛所說。」

爾時，世尊即說偈言：

常能捨一切，　有為虛危相，　不得諸法性，　則獲是三昧。
莫著諸誹謗，　及憶想分別，　永離我我所，　如是得三昧。
不於諸陰法，　見衆生壽命，　我人及起者，　士夫養育等，
亦無分別想，　是名為說法。　於諸法不染，　我性及我所，
見我非陰生，　則得此三昧。　色受想行識，　一切空無相，

根本皆不淨，知此得三昧。觀諸有為法，從緣不自在，
一切不真實，虛誑不可取，如彼從緣法，是則名眼入。
耳鼻等亦爾，皆無有自性，若能諦分別，得生此三昧。
是身虛無實，陰聚無一淨，九孔流膿血，誰當樂此處。
意入念念滅，虛妄常如幻，若能深分別，則得是三昧。
一切諸入等，皆空無有實，凡夫猶小兒，癡惑計有身，
貪愛之所迷，不知是虛妄，是身如空聚，衆賊之所止。
可患虛誑法，智者常厭離，如是深觀察，則得是三昧。
陰界入諸法，皆空無一實，若人能分別，得生此三昧。
如炎泡聚沫，幻化芭蕉等，當觀身危脆，不實倍於此。
若此諸菩薩，如是智不毀，疾得一切佛，所說深三昧。
諸法不自生，亦不從他有，畢竟無所住，無漏法亦然。
若能如是觀，則生此三昧，捨一切有為，諸行變異相。

此法如虛空，　生者不可得，　菩薩如是知，　修學一切法。
疾得勝菩提，　轉無上法輪，　是菩薩則能，　建立於法幢。
以不思議智，　分別一切法，　皆見是虛誑，　畢竟不真實。
我今雖為汝，　宣示此三昧，　如是儀式相，　其義甚難知。

爾時，世尊說此法時，有諸菩薩得無生忍，又復安住念佛三昧。是諸菩薩皆見東方如恒沙等諸佛世尊說此三昧，清淨平等無增無減、無二無異，其餘諸方亦復如是，皆有無量億那由他如來世尊，俱時皆演諸佛所說念佛三昧。時諸菩薩聞佛所說，身心歡喜，快得安樂，不勝踊躍，即於佛前重以偈頌說其相貌：

歸命世光明，　正覺牟尼尊，　大法聖醫王，　釋迦佛智海。
人依師子王，　普示諸色相，　見彼東方剎，　那由他諸佛。
非愍衆生故，　說法如師子，　調伏那由他，　如是諸菩薩。
安住童真地，　得無生法忍，　善順甚深性，　於法無所壞。
其餘九方等，　相貌亦如是，　悉見多億衆，　那由他諸佛。

譬如師子王，恐畏之所依，無漏寂無等，轉第一法輪。
是處無去來，其相亦不住，一切法無實，性空無生滅。
衆生及壽命，士夫亦如是，一切陰界入，無實如空捲。
譬如諸野獸，畢竟無所依，諸法實無生，或有常不淨。
穢心貪生死，如彼癡嬰兒，多億那由劫，恒苦而不厭；
是以佛慈悲，為此說菩提。是故諸佛子，常捨身手足，
頭目及髓腦，妻息妙珍寶，皆悉能棄捨，以此行菩提。
既能施妻子，眷屬諸外財，又棄天世位，身肉及筋骨，
能捨是難捨，疾得成正覺。施戒最勝果，忍進禪慧等，
行慈悲喜捨，以求無上智，菩薩應修是，為利衆生故。

爾時，世尊即以偈頌答諸菩薩：

菩薩若多劫，修行是真如，不異不分別，以此說菩提，
其性甚寂靜，難得難可見。當起無盡意，修習如是行，

是菩薩則得，　進智近菩提。

爾時，世尊為諸菩薩略說四法，滿菩提故，而告之言：「諸善男子！當學戒品善自防慎，守護觀察生智方便，常勤修習乃至菩提，於諸眾生恒起慈心，為除我見及我所想，求於最勝無上菩提，乃至捨身及以命財，應當守護成就增長，如是四法三昧根本。」

菩薩念佛三昧經大眾奉持品第十六

爾時，世尊知九萬億那由他等諸大菩薩摩訶薩眾，皆悉已集，復有百千萬億菩薩，是等當於彌勒佛時，悉得住於不退轉地。是時東方九萬九億百千那由他諸菩薩眾，梵上菩薩而為上首；南方復有九萬九億諸菩薩眾，持誠菩薩摩訶薩等而為上首；西方復有九萬九千諸菩薩眾，大智菩薩摩訶薩等而為上首；北方復有九萬九千諸菩薩眾，大光菩薩摩訶薩等而為上首。復有住彼歡喜世界無量菩薩皆悉來集。梵身天王、大花梵王，無量梵王皆悉來集。復有無邊百千那由他釋提桓因，衆念天主而為上首。復有無量百千億萬那由他等四大天王。復有無量迦流夜叉、持鬘夜叉、常醉夜叉。復有諸餘天，龍，夜叉、乾闥婆王、阿修羅王、迦留羅王、緊那羅王、摩睺羅王、羅刹夜叉、拘槃茶鬼、富丹那鬼、及與迦吒富丹那鬼，如是種種無數百千，大力鬼神亦來在座。

爾時，世尊、應、正遍知知諸大衆皆悉已集，將為此等略說斯經功德深重次第之法，為欲調伏諸人天故，復作師子*謦欬☆之聲，即為時會說未曾有：「此經法者，去、來、現在三世諸佛之所修行，能滅一切諸大苦惱，是故諸佛尊重是法，已行當行，今亦修行。是故大士欲求我身，應當尊重真實之法，敬事法者，當如敬佛。所以者何？法不異佛，是人求法，應到於此。若天、若龍、人及非人能求法者，疾捨諸苦，行法除苦，佛說最勝，是故菩薩為欲利益一切世間求菩提法，是諸菩薩則為已施一切衆生菩提之樂，疾得度於生死大海。當我須臾說此三昧，微妙經王教世間時，一切山河及以大地皆悉俱時六種震動，時諸衆生皆稱善哉。所以者何？當佛說此菩薩念佛大三昧王大乘方等微妙經典，無邊功德大智海時，億百千數那由他等無數世界佛之刹土，皆悉六種十八相動，及放淨光大明普照。」

爾時，虛空無量諸天擊大天鼓，聲若雷震，又奏和雅調暢之音。復有八萬億那由他地神天女持衆寶座，從地踊出至世尊前，至心恭敬而以奉獻。復有主樂乾闥婆王，作億百千那由他等種種妙音，甚可愛樂。復有諸龍及諸龍王子，興大密雲普覆世界，雨天曼陀及衆妙花，周布大地高百由延。時娑竭羅諸大龍王，於虛空中變成宮殿，衆寶莊校微妙殊特，天栴檀末普散此刹三千大千佛之世界。復有色界諸梵天王，於如來上作寶花蓋，遍覆三千大千刹土，是蓋處處垂諸寶鈴，其鈴皆出微妙之音，譬如他化自在天樂。

爾時，此會一切衆生，皆修慈悲喜捨之心，既聞法音，不勝喜悅，各各至心重歸三寶。時會聞法無邊衆生，皆發無上菩提之心。復有無量諸衆生等，悉深發辟支佛心。復有無數諸衆生等，皆發聲聞菩提之心。復有無量諸刹利王、沙門、婆羅門、毘舍、首陀、長者、居士，皆悉獲得須陀洹果、斯陀含果、阿那含果。復有無邊諸衆生等，皆證無著阿羅漢果。

爾時，世尊說是經已，一切大眾皆大歡喜，不空見等諸大菩薩、大聲聞眾及諸世間人、天、八部、阿修羅等，聞佛所說，皆大欣樂，頂戴奉行。

菩薩念佛三昧經卷第五

全佛文化圖書出版目錄

佛教小百科系列

- □ 佛菩薩的圖像解說1-總論・佛部 320
- □ 佛菩薩的圖像解說2-菩薩部・觀音部・明王部 280
- □ 密教曼荼羅圖典1-總論・別尊・西藏 240
- □ 密教曼荼羅圖典2-胎藏界上 300
- □ 密教曼荼羅圖典2-胎藏界中 350
- □ 密教曼荼羅圖典2-胎藏界下 420
- □ 密教曼荼羅圖典3-金剛界上 260
- □ 密教曼荼羅圖典3-金剛界下 260
- □ 佛教的真言咒語 330
- □ 天龍八部 350
- □ 觀音寶典 320
- □ 財寶本尊與財神 350
- □ 消災增福本尊 320
- □ 長壽延命本尊 280
- □ 智慧才辯本尊 290
- □ 令具威德懷愛本尊 280
- □ 佛教的手印 290
- □ 密教的修法手印-上 350
- □ 密教的修法手印-下 390
- □ 簡易學梵字(基礎篇)-附CD 250
- □ 簡易學梵字(進階篇)-附CD 300
- □ 佛教的法器 290
- □ 佛教的持物 330
- □ 佛教的塔婆 290
- □ 中國的佛塔-上 240
- □ 中國的佛塔-下 240
- □ 西藏著名的寺院與佛塔 330
- □ 佛教的動物-上 220
- □ 佛教的動物-下 220
- □ 佛教的植物-上 220
- □ 佛教的植物-下 220
- □ 佛教的蓮花 260
- □ 佛教的香與香器 280
- □ 佛教的神通 290
- □ 神通的原理與修持 280
- □ 神通感應錄 250
- □ 佛教的念珠 220
- □ 佛教的宗派 295
- □ 佛教的重要經典 290
- □ 佛教的重要名詞解說 380
- □ 佛教的節慶 260
- □ 佛教的護法神 320
- □ 佛教的宇宙觀 260
- □ 佛教的精靈鬼怪 280
- □ 密宗重要名詞解說 290
- □ 禪宗的重要名詞解說-上 360
- □ 禪宗的重要名詞解說-下 290
- □ 佛教的聖地-印度篇 200

佛菩薩經典系列

- □ 阿彌陀佛經典 350
- □ 藥師佛・阿閦佛經典 220
- □ 普賢菩薩經典 180
- □ 文殊菩薩經典 260
- □ 觀音菩薩經典 220
- □ 地藏菩薩經典 260
- □ 彌勒菩薩・常啼菩薩經典 250
- □ 維摩詰菩薩經典 250
- □ 虛空藏菩薩經典 350
- □ 無盡意菩薩・無所有菩薩經典 260

佛法常行經典系列

- □ 妙法蓮華經 260
- □ 悲華經 260
- □ 大乘本生心地觀經・勝鬘經・如來藏經 200

□ 小品般若波羅密經	220	□ 解深密經 • 大乘密嚴經	200
□ 金光明經 • 金光明最勝王經	280	□ 大日經	220
□ 楞伽經 • 入楞伽經	360	□ 金剛頂經 • 金剛頂瑜伽念誦經	200
□ 楞嚴經	200		

三昧禪法經典系列

□ 念佛三昧經典	260	□ 寶如來三昧經典	250
□ 般舟三昧經典	220	□ 如來智印三昧經典	180
□ 觀佛三昧經典	220	□ 法華三昧經典	260
□ 如幻三昧經典	250	□ 坐禪三昧經典	250
□ 月燈三昧經典(三昧王經典)	260	□ 修行道地經典	250

修行道地經典系列

□ 大方廣佛華嚴經(10冊)	1600	□ 中阿含經(8冊)	1200
□ 長阿含經(4冊)	600	□ 雜阿含經(8冊)	1200
□ 增一阿含經(7冊)	1050		

佛經修持法系列

□ 如何修持心經	200	□ 如何修持阿閦佛國經	200
□ 如何修持金剛經	260	□ 如何修持華嚴經	290
□ 如何修持阿彌陀經	200	□ 如何修持圓覺經	220
□ 如何修持藥師經-附CD	280	□ 如何修持法華經	220
□ 如何修持大悲心陀羅尼經	220	□ 如何修持楞嚴經	220

守護佛菩薩系列

□ 釋迦牟尼佛-人間守護主	240	□ 地藏菩薩-大願守護主	250
□ 阿彌陀佛-平安吉祥	240	□ 彌勒菩薩-慈心喜樂守護主	220
□ 藥師佛-消災延壽(附CD)	260	□ 大勢至菩薩-大力守護主	220
□ 大日如來-密教之主	250	□ 準提菩薩-滿願守護主(附CD)	260
□ 觀音菩薩-大悲守護主(附CD)	280	□ 不動明王-除障守護主	220
□ 文殊菩薩-智慧之主(附CD)	280	□ 虛空藏菩薩-福德大智守護(附CD)	260
□ 普賢菩薩-廣大行願守護主	250	□ 毘沙門天王-護世財寶之主(附CD)	280

輕鬆學佛法系列

□ 遇見佛陀-影響百億人的生命導師	200	□ 佛陀的第一堂課-四聖諦與八正道	200
□ 如何成為佛陀的學生-皈依與受戒	200	□ 業力與因果-佛陀教你如何掌握自己的命運	220

洪老師禪座教室系列

書名	定價	書名	定價
□ 靜坐-長春.長樂.長效的人生	200	□ 沒有敵者-強化身心免疫力的修鍊法(附CD)	280
□ 放鬆(附CD)	250	□ 夢瑜伽-夢中作主.夢中變身	260
□ 妙定功-超越身心最佳功法(附CD)	260	□ 如何培養定力-集中心靈的能量	200
□ 妙定功VCD	295		
□ 睡夢-輕鬆入眠•夢中自在(附CD)	240		

禪生活系列

書名	定價	書名	定價
□ 坐禪的原理與方法-坐禪之道	280	□ 禪師的生死藝術-生死禪	240
□ 以禪養生-呼吸健康法	200	□ 禪師的開悟故事-開悟禪	260
□ 內觀禪法-生活中的禪道	290	□ 女禪師的開悟故事(上)-女人禪	220
□ 禪宗的傳承與參禪方法-禪的世界	260	□ 女禪師的開悟故事(下)-女人禪	260
□ 禪的開悟境界-禪心與禪機	240	□ 以禪療心-十六種禪心療法	260
□ 禪宗奇才的千古絕唱-永嘉禪師的頓悟	260		

佛家經論導讀叢書系列

書名	定價	書名	定價
□ 雜阿含經導讀-修訂版	450	□ 楞伽經導讀	400
□ 異部宗論導讀	240	□ 法華經導讀-上	220
□ 大乘成業論導讀	240	□ 法華經導讀-下	240
□ 解深密經導讀	320	□ 十地經導讀	350
□ 阿彌陀經導讀	320	□ 大般涅槃經導讀-上	280
□ 唯識三十頌導讀-修訂版	520	□ 大般涅槃經導讀-下	280
□ 唯識二十論導讀	300	□ 維摩詰經導讀	220
□ 小品般若經論對讀-上	400	□ 菩提道次第略論導讀	450
□ 小品般若經論對讀-下	420	□ 密續部總建立廣釋	280
□ 金剛經導讀	220	□ 四法寶鬘導讀	200
□ 心經導讀	160	□ 因明入正理論導讀-上	240
□ 中論導讀-上	420	□ 因明入正理論導讀-下	200
□ 中論導讀-下	380		

談錫永作品系列

書名	定價	書名	定價
□ 閒話密宗	200	□ 佛家名相	220
□ 西藏密宗占卜法-妙吉祥占卜法（組合）	580	□ 密宗名相	220
		□ 佛家宗派	220
□ 細說輪迴生死書-上	200	□ 佛家經論-見修法鬘	180
□ 細說輪迴生死書-下	200	□ 生與死的禪法	260
□ 西藏密宗百問-修訂版	210	□ 細說如來藏	280
□ 觀世音與大悲咒-修訂版	190	□ 如來藏三談	300

大中觀系列

- □ 四重緣起深般若-增訂版 420
- □ 心經內義與究竟義-印度四大論師釋《心經》 350
- □ 聖入無分別總持經對堪及研究 390
- □ 《入楞伽經》梵本新譯 320
- □ 《寶性論》梵本新譯 320
- □ 如來藏論集 330
- □ 如來藏二諦見 360
- □ 《聖妙吉祥真實名經》梵本校譯 390
- □ 《聖妙吉祥真實名經》釋論三種 390
- □ 《辨中邊論釋》校疏 400

甯瑪派叢書-見部系列

- □ 九乘次第論集-佛家各部見修差別 380
- □ 甯瑪派四部宗義釋 480
- □ 辨法法性論及釋論兩種 480
- □ 決定寶燈 480
- □ 無修佛道-現證自性大圓滿本來面目教授 360
- □ 幻化網秘密藏續釋-光明藏 560
- □ 善説顯現喜宴-甯瑪派大圓滿教法 650

甯瑪派叢書-修部系列

- □ 大圓滿心性休息導引 395
- □ 大圓滿前行及讚頌 380
- □ 幻化網秘密藏續 480
- □ 六中有自解脱導引 520

李潤生作品系列

- □ 佛家輪迴理論-上 360
- □ 佛家輪迴理論-下 390
- □ 生活中的佛法-山齋絮語 390
- □ 百論析義-上 450
- □ 百論析義-下 480
- □ 唯識.因明.禪偈的深層探究-上 350
- □ 唯識.因明.禪偈的深層探究-下 390

蓮花生大士全傳系列

- □ 蓮花王 320
- □ 師子吼聲 320
- □ 桑耶大師 320
- □ 廣大圓滿 320
- □ 無死虹身 320
- □ 蓮花生大士祈請文集 280

密乘寶海系列

- □ 現觀中脈實相成就-開啟中脈實修秘法 290
- □ 智慧成就拙火瑜伽 330
- □ 蓮師大圓滿教授講記-藏密寧瑪派最高解脱法門 220
- □ 密宗修行要旨-總攝密法的根本要義 430
- □ 密宗成佛心要-今生即身成佛的必備書 240
- □ 無死-超越生與死的無死瑜伽 200

- ☐ 密宗的源流-密法內在傳承的密意 240
- ☐ 恒河大手印-傾瓶之灌的帝洛巴恒河大手印 240
- ☐ 岡波巴大手印-大手印導引顯明本體四瑜伽 390
- ☐ 大白傘蓋佛母-息災護佑行法(附CD) 295
- ☐ 孔雀明王行法-摧伏毒害煩惱 260
- ☐ 月輪觀•阿字觀-密教觀想法的重要基礎 350
- ☐ 穢積金剛-滅除一切不淨障礙 290
- ☐ 五輪塔觀-密教建立佛身的根本大法 290
- ☐ 密法總持-密意成就金法總集 650

光明導引系列

- ☐ 阿彌陀經臨終光明導引-臨終救度法 350
- ☐ 送行者之歌(附國台語雙CD) 480

高階禪觀心要系列

- ☐ 念佛三昧-迅速匯集諸佛功德的法門 290
- ☐ 首楞嚴三昧-降伏諸魔的大悲勇健三昧 380

高階禪觀系列

- ☐ 通明禪禪觀-迅速開啟六種神通的禪法 200
- ☐ 十種遍一切處禪觀-調練心念出生廣大威力的禪法 280
- ☐ 四諦十六行禪觀-佛陀初轉法輪的殊勝法門 350
- ☐ 三三昧禪觀-證入空、無相、無願三解脫門的禪法 260
- ☐ 大悲如幻三昧禪觀-修行一切菩薩三昧的根本 380
- ☐ 圓覺經二十五輪三昧禪觀-二十五種如來圓覺境界的禪法 400

禪觀寶海系列

- ☐ 禪觀秘要 1200

其他系列

- ☐ 入佛之門-佛法在現代的應用智慧 350
- ☐ 如觀自在-千手觀音與大悲咒的實修心要 650
- ☐ 神通-佛教神通學大觀 590
- ☐ 仁波切我有問題-一本關於空的見地、禪修與問答集 240
- ☐ 認識日本佛教 360
- ☐ 普賢法身之旅-2004美東弘法紀行 450

全套購書85折、單冊購書9折
(郵購請加掛號郵資60元)

全佛文化事業有限公司
新北市新店區民權路95號4樓之1
Buddhall Cultural Enterprise Co.,Ltd.
TEL:886-2-2913-2199
FAX:886-2-2913-3693
匯款帳號：3199717004240
合作金庫銀行大坪林分行
戶名：全佛文化事業有限公司

三昧禪法經典系列 1

《念佛三昧經典》

主　編　全佛編輯部
出　版　全佛文化事業有限公司
永久信箱：台北郵政26-341號信箱
訂購專線：（02）2913-2199
傳真專線：（02）2913-3693
發行專線：（02）2219-0898
匯款帳號：3199717004240 合作金庫銀行大坪林分行
戶名：全佛文化事業有限公司
E-mail：buddhall@ms7.hinet.net
http://www.buddhall.com
門　市　心茶堂
新北市新店區民權路95號4樓之1（江陵金融大樓）
門市專線：（02）2219-8189
行銷代理　紅螞蟻圖書有限公司
台北市內湖區舊宗路二段121巷19號（紅螞蟻資訊大樓）
電話：（02）2795-3656
傳真：（02）2795-4100

一九九六年三月　初版
二〇一三年九月　初版二刷
定價新台幣　二六〇元
ISBN 978-957-9462-27-3（平裝）

版權所有・請勿翻印

Buddhall

All Rights Reserved. Printed in Taiwan.
Published by BuddhAll Cultural Enterprise Co.,Ltd.

國家圖書館出版品預行編目資料

念佛三昧經典 / 全佛編輯部主編-
- 初版. -- 臺北市：全佛文化出版,
1996[民85] 面； 公分. -
(三昧禪法經典系列；1)
ISBN 978-957-9462-27-3(平裝)

1.方等部

221.38 85001646

廣告回信
台灣北區郵政管理局登記證
北台字第8490號

郵資已付，免貼郵票

台北郵政第26～341號信箱

全佛文化事業有限公司　收

請沿虛線對摺，謝謝！

系列：三昧禪法經典1　書名：念佛三昧經典

讀者服務卡

謝謝您購買此書，如您對本書有任何建議或希望收到最新書訊、全佛雜誌與相關活動訊息，請郵寄或傳真寄回本單。

姓名：____________________ 性別：□男 □女

電話：____________________ 手機：____________________

出生日期：______年_____月_____日 婚姻狀況：□已婚 □未婚

住址：____

E-mail: _______________________

法門傾向：□顯宗 □密宗 □禪宗 □淨土 □其他____________

職業：□學生 □自由業 □服務業 □傳播業 □金融商業 □資訊業

□製造業 □出版文教 □軍警公教 □其他______________

■您如何購得此書？

□書店___________縣/市 _______________書店

□網路平台(書店)______________ □其他______________

■您對本書的評價（請填代號1.非常滿意 2.滿意 3.尚可 4.待改進）

___定價 ___內容 ___封面設計 ___版面編排 ___印刷 ___整體評價

■對我們的建議：______________________________________

____

____

____

Buddhall
全佛文化事業有限公司
訂購專線:886-2-2913-2199 傳真專線:886-2-2913-3693
http://www.buddhall.com

此處請用膠水黏貼